Inhalt

Vorwort

Das letzte, wozu ich Lust hatte, war, *schon wieder* darüber zu diskutieren! Ich glaubte, ich würde einen Schreikrampf kriegen, wenn Al und ich noch eines dieser „Gespräche" über Sex führen würden, und ich wußte, daß er es genauso empfand. In meiner Verzweiflung wandte ich mich ihm schließlich zu und sagte in einem seltenen Moment der Einsicht und Ehrlichkeit: „Liebling, sieh es doch ein – als du mich geheiratet hast, hast du beschädigte Ware angedreht bekommen!"

Al starrte mich einen Augenblick lang sprachlos an, dann sagte er: „Ich weiß. Du auch." Und damit begann unser Versuch herauszufinden, wie wir mit all den alten Wunden fertig werden könnten. Mit der Zeit und nach vielen Tränen erkannten wir beide, daß der Herr tatsächlich Antworten auf unsere schmerzhaften Fragen hatte und daß seine Antworten für *alle* da sind, die verletzt sind und Schaden genommen haben.

Mein Mann Al ist mein bester Freund, mein zärtlicher Liebhaber und mein enger Vertrauter. Wir sind seit zwanzig Jahren verheiratet, und indem wir uns unserer sexuellen Vergangenheit gestellt und sie aufgearbeitet haben, konnten wir unzählige Früchte ernten. Ich kann es Ihnen ohne Einschränkung sagen: Erinnerungen und Wunden, die die sexuelle Intimität behindern, sind heilbar!

Ich erinnere mich, wie Al einmal niedergeschlagen und erschöpft aus seiner Beratungspraxis nach Hause kam. Als wir uns unterhielten, klagte er über die vielen, vielen Menschen mit schmerzhaften sexuellen Wunden, denen er täglich begegnet. „Wenn nur mehr Menschen wüßten, daß es Heilung und Wiederherstellung gibt", sagte er.

Sofort kam mir der Gedanke: „Du solltest einen Kurs

geben und anderen mitteilen, was du gelernt hast. Ich weiß, daß Gott seinen Segen darauf legen wird." Die Kurse, die daraus hervorgingen, haben das Leben vieler hundert Menschen verändert. Zum zweiten Mal hat Al nun sein Material in Buchform gebracht und darin in vieler Hinsicht zwei konkrete Bedürfnisse konzentriert: unser persönliches Bedürfnis nach Heilung und Hilfe in unserer eigenen Ehe und das Bedürfnis der verletzten und verwirrten Menschen, denen wir begegnet sind und die ebenfalls Heilung suchen.

Al und ich haben herausgefunden, daß der Herr sich intensiv für uns interessiert und ständig für uns aktiv ist. Indem wir unser Leben an den Grundsätzen seiner Heilung ausrichteten, konnten wir eine reiche Ernte an Liebe und Freude einbringen.

Wenn Sie dieses Buch aufschlagen, möchte ich, daß Sie folgendes wissen: Gott nimmt Anteil an Ihnen und interessiert sich für Sie, und er hat Antworten, die ganz individuell auf Sie und Ihre Bedürfnisse zugeschnitten sind.

Wenn Sie dieses Buch gebrauchen, um sich selbst und Gott ins Gesicht zu sehen, dann bin ich gewiß, daß Sie die tiefe Erfüllung und die sexuelle Intimität finden können, nach der Sie sich sehnen!

Susan Ells

Einleitung

Unschuld ist, laut Definition, die Eigenschaft, „nicht durch falsches Tun verdorben" zu sein. Das lateinische Wort für *unschuldig* lautet *innocens*, was sich wörtlich mit „nicht schädlich" übersetzen läßt. Sexuelle Unschuld hat nichts mit sexueller Ahnungslosigkeit zu tun, sondern sie beinhaltet eher, daß man nicht sexuell geschädigt ist.

Nachdem ich jahrelang mit Tausenden von Menschen ihren Schmerz durchlitten habe, bin ich überzeugt, daß es noch unzählige andere gibt, die eine Wiederherstellung ihrer Unschuld nötig haben – die von neuem die Wahrheit entdekken müssen, daß Sex für uns und andere schön sein kann, statt uns zu schaden.

Um wirklich Erfüllung zu bringen, muß sexuelle Liebe unschuldig bleiben. Sie sollte niemals durch momentane Unbedachtheit langfristigen Gewinn für kurzfristiges Vergnügen aufs Spiel setzen. Sie sollte nicht die Grenzen anderer Menschen verletzen oder andere in Scham versetzen. Wenn sexuelle Liebe auf falsche Art und Weise gegeben wird, dann mangelt es an den tief empfundenen Gefühlen der Erfüllung, der Nähe und der Wärme – zwei Körper verschmelzen miteinander, ohne daß sich ihre Seelen berühren. Das kann Spaß machen, aber es ist nur eine flüchtige Befriedigung, keine Erfüllung. Sex muß ein aufregender Teil einer umfassenden Beziehung der Anteilnahme und Hingabe sein, aber nicht der einzige Teil. Die Freude der sexuellen Gemeinschaft braucht die Ausgewogenheit geheiligter, gesunder Richtlinien, um bleibende und tiefe Erfüllung schenken zu können. Wo das vernachlässigt wird, entstehen tiefe Wunden.

Dieses Buch zeigt Gottes Weg zu einer erfüllenden und geheiligten Sexualität auf und bietet Menschen, die Schwierigkeiten mit sexueller Intimität haben, lebensverändernde Antworten an. Da etliche Menschen unter sexuellen Verletzungen leiden, bietet es vielen Lesern, deren sexuelles Erleben von Schmerz und Scham befreit werden muß, Hoffnung und Heilung an – Heilung von ihrer sexuellen Vergangenheit, Befreiung von tief eingegrabenen Erlebnissen im Elternhaus und mit der ersten Liebe, die Wunden geschlagen haben; Heilung, die die Unschuld wiederherstellt und echte sexuelle Erfüllung bringt.

Denjenigen, die nicht unter solchen Verletzungen leiden, gewähren diese Seiten Einsichten in das, was notwendig ist, um anderen zu helfen, seien es Freunde, Nachbarn oder Familienangehörige.

Zurück zur Unschuld handelt von unseren sexuellen Wurzeln und Erblasten. Es ist eine gründliche Auseinandersetzung mit der persönlichen Not, die die meisten von uns insgeheim mit Sex erleben, und ebenso ein Handbuch darüber, wie Heilung vor sich geht und was Sie tun können, um Unschuld wiederherzustellen – sei es Ihre eigene oder die eines anderen Menschen. Doch vor allem ist es ein Zeugnis darüber, wie sehr Gott an uns interessiert ist. Wenn Sex zu einer Quelle des Schmerzes wird und uns die Scham niederdrückt, dann ist er uns nahe. Seine Berührung ist es, die uns zur Verfügung steht, um den Schaden zu beheben, die Wunden zu heilen und unsere Unschuld wiederherzustellen.

Gott segne Sie!

Alfred Ells

Wieviel Sex ist genug?

„Sie schaute mir direkt in die Augen und sagte: ‚Ein schöner Cheeseburger wäre mir lieber.' Ich war sprachlos. Ich traute meinen Ohren nicht. ‚Du meinst, Essen ist dir lieber als Sex?' fragte ich nach. Ohne zu zögern, antwortete sie: ‚Ja. Es passiert oft, daß ich die Prozedur nur über mich ergehen lasse, um dir eine Freude zu machen, aber einen Cheeseburger würde ich mehr genießen!'"

Ryan saß auf der Sesselkante, als er mir von dieser traumatischen Unterredung mit seiner Frau Ann erzählte. „Ich konnte es immer noch nicht glauben, also fragte ich sie noch einmal: ‚Heißt das, daß dir Sex eigentlich gar keinen besonderen Spaß macht? Willst du damit sagen, daß du das schon immer so empfunden hast?'

Darauf antwortete sie: ‚Ja. Unzählige Male habe ich dir Sex gegeben, nur um dich bei Laune zu halten – damit du nicht wütend auf mich wirst.'

Meine schlimmste Angst war Wirklichkeit geworden. Ich wußte nicht, was ich sagen sollte. Es herrschte ein schreckliches Schweigen, als wir dasaßen, ohne uns zu rühren. Meine Gedanken überschlugen sich, als ich an all die Streitigkeiten zurückdachte, die wir schon über Sex geführt hatten. Gerade einen Monat zuvor war ich wütend auf sie geworden, weil sie lieber einen Roman lesen wollte, statt mit mir zu schlafen. Davor hatte ich mich darüber aufgeregt, daß wir nicht miteinander geschlafen hatten, bevor ich für ein paar Tage verreisen mußte. Dann war es einmal vorgekommen, daß sie eine Sendung im Fernsehen anschauen wollte, als ich mit ihr schlafen wollte. Sonntags wollte sie immer einen Mittagsschlaf machen, wenn ich Sex wollte. Immer wieder die gleiche Geschichte: Ich wollte Sex, sie wollte etwas anderes.

Dann beendete sie das Thema: ‚Ich sage ja nicht, daß es mir niemals Spaß macht, mit dir zu schlafen. Ich sage nur, daß es mir nicht so oft Spaß macht wie dir. Ich bin nicht so heiß darauf wie du. Ich will nicht dauernd Sex haben, und ich habe Schwierigkeiten damit, ihn zu genießen. Wahrscheinlich macht mir meine Vergangenheit zu schaffen, aber das bedeutet nicht, daß es mir überhaupt keinen Spaß macht. Du wirst lernen müssen, mich einfach so zu akzeptieren, wie ich bin.‘

Als sie fertig war, stand sie auf und verließ das Zimmer. Da ich wußte, daß sie zu Ihnen in die Beratung geht, dachte ich mir, daß ich mir am besten einen Termin bei Ihnen geben lasse.“

Ryans Geschichte ist nicht ungewöhnlich: ein Mann, der mit einer Frau verheiratet ist, die nicht so sehr nach Sex verlangt wie er. Ebensowenig ist es außergewöhnlich, daß sich diese Spannung in Konflikten entlädt, bis hin zu ernsten Auseinandersetzungen wie bei Ann.

Ihr Familienleben und ihre ersten sexuellen Erlebnisse hatten bei ihr ein schmerzhaftes sexuelles Erbe hinterlassen, mit dem sie sich gerade erst auseinanderzusetzen begann. Ihr Onkel hatte sie belästigt, als sie ein kleines Mädchen gewesen war, und ihr frühes Familienleben hatte nicht dazu beigetragen, ihr eine gesunde Sicht der Sexualität zu vermitteln. Infolgedessen hatte sie eine langlebige Gewohnheit entwickelt, Sex zu geben, um Liebe zu bekommen, meistens ohne das im geringsten zu genießen. Nun allerdings fing sie an, ehrlich mit Ryan über ihre Probleme und Empfindungen zu reden. Doch Ryan fiel es schwer, die Begrenzungen zu akzeptieren, die das für ihn mit sich brachte.

„Möchten Sie darüber reden, was wir für Ann tun können oder was wir für Sie tun können?“ fragte ich.

„Ich bin mir nicht sicher“, antwortete er.

„Wir wissen beide, daß Ann ein Problem hat, an dem sie arbeitet, aber es scheint, daß auch Sie ein Problem haben.“

Er versteifte sich in seinem Sessel, als ich fortfuhr: „Sie sind derjenige, der heute gekommen ist, um sich helfen zu lassen, nicht Ann. Ich frage mich, ob es nicht Sie sind, der eigentlich unter dieser Situation leidet."

Ich hatte einen empfindlichen Punkt getroffen. Er rutschte in seinem Sessel herum und drehte sich um, als suchte er nach einem Fluchtweg. „So habe ich die Sache noch nie gesehen", antwortete er. „Es stört mich schon sehr, und ich weiß nicht, was ich machen soll. Ich hatte gehofft, Sie könnten ihr helfen, und die Lage würde sich bessern."

„Ryan, ich kann ihr nur helfen, wenn sie selbst das möchte. Aber wenn Sie mich lassen, kann ich Ihnen jetzt helfen."

Nach einer langen Pause fragte er mich: „Wie können Sie mir helfen?"

„Indem ich Ihnen helfe zu verstehen, warum Sie das alles so sehr verletzt. Und auch, indem ich Ihnen helfe, die Enttäuschung und die Verzweiflung loszulassen, die Sie empfinden müssen."

In seinen Augen stiegen Tränen auf, doch anstatt ihnen freien Lauf zu lassen, wurde er wütend und gab Ann die Schuld an dem Problem. Er brachte nicht die Bereitschaft auf, sich seiner eigenen Wunde oder seinem Anteil an dem Problem zu stellen. Erregt, aber mit der Zusage, wiederzukommen, verließ er die Sprechstunde. Mir war klar, daß noch viel Zeit und gutes Zureden nötig sein würden, bevor er sich die Wunde eingestehen würde, die hinter seiner Wut steckte.

Sex war für Ryan schon immer ein machtvoller, aber auch schmerzhafter Bereich gewesen. Er erinnerte sich noch lebhaft an seine sexuellen Erlebnisse in der Kindheit. Mit acht Jahren erwischte ihn seine Mutter beim Doktorspielen mit der Nachbarstochter. *Die Mutter* war darüber so tief beschämt, daß sie ihn sofort hinunter in die Kirche brachte, damit er vor dem Priester beichtete. Er schwor, es nie wieder zu tun, aber alle Kinder in der Nachbarschaft spielten Doktor. Gruppenzwang und Neugier behielten die Oberhand. Obwohl er nie wieder erwischt wurde, fühlte er sich immer noch schuldig und beschämt.

Je älter er wurde, desto widersprüchlicher wurden die Botschaften über Sex, die er aufnahm. Die Kirche und seine Mutter vermittelten ihm nachdrücklich die Überzeugung, Sex sei etwas Besonderes, aber nur innerhalb der Ehe. Die Jungen in der Schule meinten, es wäre blöd von ihm zu warten – ein Mann müsse schließlich vor der Ehe seine „Erfahrungen" machen – je mehr, desto besser! In der Kultur seiner Kleinstadt drückten sich die Identität und der Wert eines Mannes in seiner Fähigkeit, zu trinken, zu arbeiten und Frauen zu erobern, aus. Der soziale Druck zum Sex war immer gegenwärtig.

Als Ryan wieder in die Sprechstunde kam, fragte ich ihn nach seiner ersten Liebe.

„Ihr Name war Betty. Sie war im ersten, ich im zweiten Jahr in der High School."

„Was gefiel Ihnen an ihr?"

„Sie war hübsch, und es war schön, mit ihr zusammen zu sein. Sie hatte so eine Art an sich, alles aufregender zu machen."

„Haben Sie mit ihr geschlafen?" fragte ich.

„Nein, habe ich nicht", sagte er, und seine Augen wurden feucht. „Ich habe sie wirklich geliebt, und wir wollten uns den Sex für die Ehe aufsparen. Wir gingen drei Jahre lang miteinander, und in der Zeit haben wir nur Petting gemacht."

„Warum sind Sie auseinandergegangen?"

„Wir haben uns gestritten, kurz bevor ich zu einer Operation ins Krankenhaus mußte. Sie hat mich nicht ein einziges Mal besucht, nicht einmal angerufen. Ich war sehr verletzt. Auch nach meiner Entlassung wartete ich vergeblich auf ihren Anruf. Das nächste, was ich von ihr hörte, war, daß sie mit einem anderen Jungen zusammen war, und nach ein paar Monaten war sie schwanger. Sie hatte mich immer damit aufgezogen, daß sie sich jemanden anderes suchen wollte, aber ich hätte nie geglaubt, daß sie es wirklich tun würde." Ein paar Tränen rannen ihm langsam übers Gesicht.

14

„Wie haben Sie das empfunden?" fragte ich.

„Ich war außer mir! Ich hatte getan, was ich konnte, um ihre Jungfräulichkeit zu bewahren, wie sie es wollte. Und dann ging sie hin und gab sich jemandem anderes hin, den sie kaum kannte!" Die Zornestränen begannen schneller zu fließen. Sein Atem beschleunigte sich. Er wirkte wie ein Damm, der jeden Augenblick brechen würde.

„Das klingt, als ob sie Sie wirklich verletzt hat. Sie hat Ihnen das Herz gebrochen."

Dann kam die Flut. Er schluchzte laut und unkontrollierbar auf; seine Brust bebte unter dem Gewicht des Schmerzes. Er heulte und klagte, als die verborgene Wunde seines gebrochenen Herzens endlich aufgedeckt worden war.

Sexuelle Hingabe ist eine machtvolle Sache. Bettys Hingabe an einen anderen als ihn hatte bei ihm ein Gefühl zurückgelassen, betrogen und abgelehnt worden zu sein. Im Liebesakt besitzen Männer, und Frauen geben sich diesem Besitzen hin. Für einen Mann ist Sex eine tiefe Bestätigung seiner Männlichkeit. Die Bereitschaft der Frau, sich von ihm besitzen zu lassen, ist eine Bestätigung dafür, wieviel Wert und Würde er in ihren Augen hat. Ihre Einladung an ihn, sie zu besitzen, kann sein inneres Wesen sehr bereichern, und ihre Weigerung kann ihn tief verletzen. Und wenn sich eine emotionale Bindung entwickelt hat, kann ihre Hingabe an einen anderen verheerend wirken.

Betty hatte wahrscheinlich keine Ahnung, daß ihre Hingabe an einen anderen Mann Ryan so tief verletzen würde. Sie ahnte nichts von der Macht ihrer eigenen Sexualität. Sie war nur ein junges Mädchen, das Sex gab, um Liebe zu bekommen, ohne zu erkennen, wie tief sie damit ihr eigenes Leben und das der Männer, denen sie sich hingab, beeinflußte.

Als Ryan sich wieder beruhigt hatte, lehnte er sich in seinem Sessel zurück, schüttelte den Kopf und sagte: „Ich wußte gar nicht, daß all das in meinem Innern versteckt lag!"

„Wie fühlen Sie sich jetzt?" fragte ich.

„Als ob ein tonnenschweres Gewicht von mir genommen worden wäre!"

„Es ist immer ein gutes Gefühl, wenn sich der Schmerz der Vergangenheit gelöst hat", sagte ich, „aber es ist bestimmt nicht spurlos an Ihnen vorübergegangen, daß Sie diesen Schmerz all die Jahre mit sich herumgetragen haben. Wie haben Sie sich Frauen gegenüber verhalten, nachdem Sie dieses Erlebnis mit Betty hatten?"

Er antwortete sofort: „Ich schwor mir, keine Gelegenheit zum Sex mehr auszulassen. Wann immer ich während des Studiums mit einem Mädchen ausging, drang ich darauf, daß sie mit mir schlief. Tat sie es nicht, so ging ich nie wieder mit ihr aus."

„Versuchten Sie, sich sexuell für die Verletzung zu entschädigen, die Sie im emotionalen Bereich erlebt hatten?"

„Ja, wahrscheinlich. Ich habe es noch nie so betrachtet, aber jetzt, wo wir davon sprechen, erscheint es mir einleuchtend, daß ich möglicherweise Frauen sexuell dazu benutzt habe, mich dafür schadlos zu halten, daß ich Betty verloren hatte."

„Versuchten Sie vielleicht auch, irgend etwas zu beweisen?" fragte ich.

„Vielleicht habe ich versucht zu beweisen, daß mit mir alles in Ordnung war, daß ich gut genug war, damit eine Frau mich begehren konnte. Ich weiß, daß es mir eine Menge bedeutete, daß sie mich begehrten, wenn ich auch meistens von ihnen nichts mehr wollte, nachdem wir miteinander geschlafen hatten."

Ich riskierte einen Vorstoß. „Ich wette, Sie haben Ann geheiratet, weil sie sich Ihnen nicht so vollständig hingab wie die anderen. Stimmt das?"

Er schaute mich überrascht an. „Woher wissen Sie das? Sie war die einzige Frau, mit der ich ausging, die darauf bestand, bis zur Hochzeit zu warten, bevor wir miteinander schliefen."

Allmählich kam mehr Licht in die Sache. Weil er Frauen, die seinen Annäherungsversuchen zu leicht erlagen, nicht vertraute, gab ihm Anns Selbstbeherrschung vor der Ehe ein Gefühl der Sicherheit.

Ryan hatte sich geschworen, nie wieder verletzt zu werden. Deshalb fürchtete er sich davor, sich in die Hände einer Frau zu geben. Dadurch gerieten ihm alle seine Liebesbeziehungen zu einer Berg-und-Tal-Bahn. Solange er sich für eine Frau interessierte, verfolgte er sie mit Blumen, Karten und Aufmerksamkeiten. Sobald sie darauf ansprach, schlief er mit ihr und zog sich dann zurück, damit er nicht verletzt werden konnte. Und wenn sie sich ihrerseits von ihm trennte, verdoppelte er seine Bemühungen, sie zurückzugewinnen. Er sehnte sich nach ihrer Nähe und Hingabe, aber wenn er sie bekam, ergriff er voller Angst die Flucht.

So wirkt sich die Verletzung des Betrogenseins aus. Sobald man sich um das betrogen fühlt, was man besitzen könnte oder sollte, gerät man in Versuchung, das Verlorene mit doppelter Anstrengung zurückgewinnen zu wollen, während man gleichzeitig versucht zu vermeiden, daß man von neuem verletzt wird.

Nach acht Jahren Ehe war Ann Ryans Zärtlichkeiten gegenüber mißtrauisch geworden, weil sie meist nur bedeuteten, daß als nächstes Sex auf dem Programm stand. Nachdem sie miteinander geschlafen hatten, drehte sich Ryan einfach um und schlief ein. Da dem Sex alle zärtliche Zuneigung fehlte, wurde Ann immer mehr in eine sexuelle Gleichgültigkeit hineingetrieben, während sie dabei ständig den Eindruck hatte, für Männer nur ein Sexualobjekt zu sein. Infolgedessen praktizierte sie sexuelle Kodependenz, indem sie mit Ryan schlief, um seinem Zorn zu entgehen oder seine Aufmerksamkeit zu gewinnen. Einen Cheeseburger zu essen bot ihr mehr Aussicht auf Genuß, als mit Ryan zu schlafen.

Die meisten Beziehungsprobleme sind von dieser Art. Hinter den kleinen Streitigkeiten und dem Mangel an Kommunikation steht ein verwundetes Herz, das nach Liebe schreit. Diese unbewältigten Verletzungen aus der Vergangenheit führen zu selbstschädigenden Verhaltensmustern und Teufelskreisen von Aktion und Reaktion. Ryans Wunde lag nahe am innersten Kern ihrer sexuellen und ehelichen Probleme. Doch Anns Wunde trug ebenso dazu bei.

17

Ryans Verletzung hatte dazu geführt, daß er gewohnheitsmäßig Liebe und Aufmerksamkeit gab, um Sex zu bekommen. Wenn Männer und Frauen sich so verhalten, dann sind sie nicht einfach auf mehr gute sexuelle Gefühle aus. Auf einer tieferen emotionalen Ebene versuchen sie, ihre eigenen Bedürfnisse nach Liebe, Anteilnahme oder Anerkennung durch den Sex zu befriedigen. Irgendwie wird Sex zu ihrer Art, sich Wertschätzung zu verschaffen.

Da Sex soviel Macht hat, einem das Gefühl, etwas wert zu sein, zu verschaffen, geht man leicht in diese Falle. Gesunde Beziehungen jedoch erfordern mehr als nur *einen* Weg, Liebe zu zeigen. Zärtlichkeiten, Momente der Zweisamkeit, Berührungen, gegenseitiges Zuhören und verbale Zuwendung sind allesamt wichtige Zeichen der Zuneigung. Auch Geschenke, Gefälligkeiten und gemeinsam verbrachte Zeit sind Möglichkeiten, um auszudrücken: „Du bist mir wichtig." Eine Beziehung braucht eine ausgewogene Mischung aus all diesen Dingen, denn Sex allein kann die emotionale Gesundheit nicht sichern. Wo der Sex das einzige oder vorwiegende Zeichen der Zuneigung ist, da wird er all die anderen Botschaften in ein verdächtiges Licht rücken und die Beziehung steril machen.

„Macht Ihnen Sex wirklich soviel Spaß?" fragte ich.

„Ja, Ihnen nicht?" antwortete er.

„Schon, aber ich habe den Eindruck, daß Sie viel mehr Gewicht auf den Sex legen als ich. Offensichtlich hat er Ihnen ein paar ernste Probleme verschafft."

„Was meinen Sie mit ernsten Problemen? Ich habe keinerlei ernste Probleme mit Sex!"

„Nun, Ihre sexuellen Praktiken während des Studiums haben Ihnen selbst und anderen eine Menge Schmerzen verursacht. Und indem Sie eine Frau heirateten, die nicht soviel Spaß am Sex hat, haben Sie dafür gesorgt, daß Sie sexuell unausgefüllt bleiben. Mir scheint, daß Ihnen der Sex nicht allzuviel gebracht hat. Statt Ihnen zu helfen, hat er Ihnen geschadet."

Wieder war er sichtlich bewegt, aber er dachte lange nach, bevor er antwortete. „Sie haben recht. Sex hat mir selten etwas gebracht, obwohl ich das immer wollte. Ich habe noch nie mit jemandem darüber gesprochen, aber ich habe ein Problem mit Selbstbefriedigung und Pornographie. Außerdem habe ich mich zweimal mit anderen Frauen eingelassen, damals, als wir jung verheiratet waren. Wenn Ann davon wüßte, würde sie sterben."

„Wie fühlen Sie sich, wenn Sie mir das erzählen?"

„Ich schäme mich."

Ich bohrte weiter: „Bedeutet das, daß Sie eigentlich gar nicht untreu sein wollten?"

„Ich wollte Anns Liebe niemals verraten, aber die Versuchung war einfach zu stark. Ich konnte nicht widerstehen."

„Wem konnten Sie nicht widerstehen?" fragte ich.

„In beiden Fällen waren es Frauen, mit denen ich zusammenarbeitete. Sie zeigten Interesse an mir, und ich konnte einfach nicht umhin, mich um sie zu bemühen. Doch nachdem wir miteinander geschlafen hatten, fühlte ich mich so miserabel, daß ich die Schuldgefühle einfach nicht aushalten konnte."

„Sie haben also in beiden Fällen gegen Ihr Gewissen gehandelt, konnten sich aber dennoch nicht zurückhalten", faßte ich zusammen.

Er blickte zu Boden und ließ die Schultern hängen, als er seufzend antwortete: „Ja."

Ich fuhr fort: „Haben Sie auch Schwierigkeiten damit, sexuellen Gedanken zu widerstehen?"

„Ständig. Ich bin nie frei davon. Ich kann keine Frau ansehen, ohne mir ihren Busen vorzustellen oder daran zu denken, wie es wäre, mit ihr zu schlafen. Wenn ich am Wochenende mit Ann zu Hause bin, ist es kaum auszuhalten. Ich denke ständig daran, mit ihr zu schlafen."

Ryans Problem war nicht so sehr, daß Ann zuwenig Sex wollte, sondern daß er zuviel Sex wollte. Der Sex durchdrang seine sämtlichen Gedanken und trieb ihn insgeheim zu Pornographie, Selbstbefriedigung und Ehebruch. Ryans Be-

19

dürfnis nach Sex beherrschte ihn, statt daß er es beherrschte. Es wuchs sich zu einer Sucht aus.

„Wie kann Sex zu einer Sucht werden?" fragte Ryan scherzhaft. „Ich dachte immer, Sex gehört zu den Dingen, von denen man nie genug bekommen kann."

Viele Menschen, besonders Männer, haben diese Einstellung. Ryan war davon überzeugt, bis er anfing, sich darüber klar zu werden, wie sehr ihm seine Sexbesessenheit schadete.

Die Weltgesundheitsorganisation definiert Sucht als „eine krankhafte Beziehung zu einem stimmungsverändernden Ereignis, Erlebnis oder Ding, die zu lebenszerstörenden Konsequenzen führt".

Sex kann zur Sucht werden, wenn wir ihm zuviel Macht einräumen – Macht, um über uns zu herrschen. Ryans Gedankenleben war vom Sex beherrscht, und daher war auch ein großer Teil seines Verhaltens durch Sex motiviert. Ohne einen echten Kampf konnte er diese Gedanken nicht abschütteln.

Die Macht einer Sucht wird durch den unwiderstehlichen Drang spürbar, ein bestimmtes Verhalten zu praktizieren, ohne sich um das Risiko zu kümmern. Sexsüchtige verspüren einen unwiderstehlichen Drang nach Befriedigung, sei es durch Masturbation, Pornographie, sexuelle Abenteuer, Abartigkeiten oder andere Verhaltensweisen. Und sie werden diesem Drang nachgeben, auch wenn sie wissen, daß sie dadurch ihre Ehe oder ihre Gesundheit aufs Spiel setzen.

Die meisten Homosexuellen, die ich beraten habe, sind sexsüchtig. Sie setzen immer wieder zwanghaft ihr Leben für einen weiteren kurzen Moment des Vergnügens aufs Spiel – trotz drohender AIDS-Infizierung und anderer Gefahren.

Ryans sexueller Appetit nahm, wie die meisten Süchte, zu. Ein Süchtiger verlangt nach immer mehr von der Substanz oder dem Erlebnis, um zu der gleichen Befriedigung zu gelangen. Ebenso, wie ein Körper allmählich unempfindlich gegen Alkohol wird und immer mehr Alkohol braucht, um die gleiche Wirkung zu erzielen, brauchen Sexsüchtige immer mehr Sex, immer besseren Sex oder gar immer abwechslungsreicheren Sex, um die gleiche Erfüllung zu finden. Das führt oft zu sexuellen Experimenten und abartigem Sexualverhalten. Bei Ryan führte es von Playboy und Masturbation zu Pornofilmen und Ehebruch. Am Ende lechzte er nach harter Pornographie, obwohl er sie vor Jahren noch abstoßend gefunden hatte.

Doch eine Sucht ist keine „Ganz-oder-gar-nicht"-Angelegenheit. Es gibt unterschiedliche Grade von Suchtverhalten; man kann leicht oder schwer süchtig sein. Ryan mußte sich darüber klar werden, daß er zwar kein „klassischer" Sexsüchtiger war, daß aber alle Kennzeichen einer Sucht in seinem Leben wirksam waren.

Ryan mußte die Macht über seine Sexualität zurückgewinnen, die er verloren hatte, und seine Besessenheit zum Schweigen bringen. Ebenso mußte er erkennen, daß der sexuelle Druck, den er in seiner Ehe ausübte, aufhören mußte. In seinem Zuhause mußte das Gesetz der Liebe die Oberhand über das Gesetz der Begierde gewinnen.

„Aber wie soll ich mich verändern?" fragte er. „Ich bin schon so lange so, daß ich gar nicht mehr weiß, wie ich anders sein könnte, obwohl ich zugeben muß: Seit wir darüber, wie Betty mich verletzt hat, geredet und gebetet haben, scheine ich weniger auf Sex aus zu sein."

„Ryan", antwortete ich, „die Sexbesessenheit wird sich vermindern, wenn Sie die folgenden Dinge tun. Erstens, hören Sie auf, die Notwendigkeit, Ihre Sexbesessenheit aufzugeben, zu verleugnen. Die meisten Leute erzielen keine Besserung, weil sie sich nicht der Tatsache stellen wollen, daß sie sich ändern müssen. Sie werden Ihre sexuellen Träume und Phantasien aufgeben müssen. Zweitens müssen wir in Ihrer Vergangenheit die Wurzeln Ihrer Besessenheit aufspüren und uns damit befassen. Betty war nur eine dieser Wurzeln."

„Das wird schwer", antwortete er. „Ich hadere immer noch damit, daß ich mich ändern soll. Ich denke immer wieder, daß alles sich bessern würde, wenn Ann sich änderte."

„Ich weiß. Damit haben die meisten von uns zu kämpfen. Wir befassen uns lieber mit den Schwächen der anderen als mit unseren eigenen. Deshalb ermahnt uns die Bibel auch, erst den Balken aus unserem eigenen Auge zu entfernen, bevor wir den Splitter aus dem Auge unseres Bruders nehmen. Darum ist auch die Rechenschaft gegenüber einem anderen so wichtig für Ihre Wiederherstellung."

Ryan stimmte mir zu, und wir begannen, seine sexuelle, zwischenmenschliche und familiäre Vergangenheit zu durchforsten und nach den Faktoren zu suchen, die zu seiner Sexbesessenheit beigetragen hatten.

Wie die meisten sexbesessenen Männer hatte Ryan keine gesunde Beziehung zu seiner Mutter. Sie war in ihrer Ehe unglücklich gewesen und hatte bei Ryan emotionale Gemeinschaft gesucht. Dadurch redete sie mit ihm über intime Gedanken und Gefühle, die besser ihrem Ehemann vorbehalten geblieben wären. Er erinnerte sich auch daran, daß es – selbst noch, als er schon zwölf Jahre alt war – vorgekommen war, daß seine nur teilweise bekleidete Mutter ihn darum bat, ihr ein Handtuch oder ein Kleidungsstück zu holen. Ihre unpassende Nacktheit „sensualisierte" ihn – d. h., sie weckte seine sinnlichen Sehnsüchte vor der angemessenen Zeit. Ihre fehlgeleitete Intimität bereitete die Bühne für seine zukünftigen Probleme mit Frauen.

Die erwachende Männlichkeit eines Jugendlichen ist eine zerbrechliche Sache. Die Grundlage dafür, wie er sich selbst und Frauen sieht, wird durch seine Beziehungen zu Mutter und Vater gelegt. Und die Art, wie junge Frauen auf ihn reagieren, festigt diese Wahrnehmungen.

Ein Sohn, der zu eng und intim an seine Mutter gebunden ist, gerät dadurch in einen unterschwelligen Konkurrenzkampf mit seinem Vater um ihre Zuneigung, und seine natürlichen Wünsche, zu beschützen und zu besitzen, werden angeregt. Da er jedoch nicht der Mann seiner Mutter ist, werden beide Wünsche ins Leere laufen, und er wird sich betrogen fühlen. Das war die Grundlage für die mächtigen Vorsätze, die Ryan als Reaktion auf die Zurückweisung durch Betty faßte.

Ryan kam weiterhin in die Beratung und nahm darüber

hinaus an einer auf Christus ausgerichteten Selbsthilfe-gruppe mit einem Zwölf-Schritte-Programm teil. Seine Sexbesessenheit hörte auf, nachdem wir die Verletzungen, die er von seiner Mutter her erlitten hatte, aufgearbeitet hatten. Ann kam weiterhin in die Beratung. Im nächsten Kapitel wird von ihrem familiären Erbe die Rede sein. Ihre sexuelle Beziehung verbesserte sich, wie auch ihre Ehe. Sie konnten ihre zwanghaften und kodependenten sexuellen Verhaltensmuster überwinden, als die schädlichen Hinterlassenschaften ihrer Vergangenheit geheilt wurden. Gott stellte ihre Unschuld wieder her.

Nach meiner Erfahrung praktizieren die meisten Männer und sehr viele Frauen zwanghafte sexuelle Verhaltensweisen – solche, die für ihre Beziehungen nicht erfüllend oder gesund sind. Männer versuchen, zu viele ihrer Bedürfnisse durch Sex zu befriedigen, besonders diejenigen, die eigentlich nur durch emotionale Intimität befriedigt werden können. Auf einer tieferen Ebene sind sie in Wirklichkeit verwundet wie Ryan, und sie brauchen die Erfahrung der Liebe Gottes und seine Heilung für ihre verletzten Seelen.

Wenn wir versuchen, unsere Wunden mit Sex zu heilen, fügen wir uns nur weitere Wunden hinzu. Wir praktizieren Sex zum Schaden für uns und andere, denn wir werden taub für den Schrei des verwundeten Herzens nach Liebe, der hinter der Zwanghaftigkeit steckt. Sexuell zwanghafte Menschen brauchen die Wiederherstellung ihrer sexuellen Unschuld, durch die sie Sex als entspannend und schön erleben können statt als schmerzhaft und zwanghaft.

Die Unschuld verlieren und zurückgewinnen: das Mädchen mit dem schwarzen und dem weißen Socken

Sex ist überall. Man spricht davon, schreibt darüber, macht Witze darüber und stellt ihn zur Schau, um alles mögliche zu verkaufen, angefangen von Autos und Seife bis hin zu Mode und Nahrungsmitteln. Er ist die werbewirksame Schlagzeile, die jedermanns Aufmerksamkeit weckt und sagt: „Wenn du sexy und sinnlich bist, dann hast du Erfolg. ... Wenn du einsam, gelangweilt, unausgefüllt oder problembeladen bist, dann wirst du dich mit Sex gleich besser fühlen. ... Wenn der Sex gut ist, dann ist die Ehe in Ordnung." Man könnte endlos fortfahren. Mehr Sex, besseren Sex, anderen Sex – oder auch mehr, bessere und andere Sexualpartner –, das ist der amerikanische Traum, das höchste Glücksstreben. Mit anderen Worten, das ganze Leben dreht sich um Sex und Sex-Appeal.

Doch hinter dieser Fassade aus lächelndem Glitzer-Sex verbirgt sich eine ganze Generation von sexuell verwundeten Menschen. Betrachten Sie die folgenden Tatsachen, beispielhaft für die USA:

▷ Achtunddreißig Millionen Erwachsene sind sexuell mißbraucht worden.
▷ Zwei Drittel aller Verheirateten werden mit dem tiefen Schmerz der Untreue ihres Partners konfrontiert.
▷ In einem Jahr werden eine Million Kinder sexuell mißbraucht.
▷ Eine von zehn Frauen bekennt sich dazu, vergewaltigt worden zu sein.

25

▷ Vergewaltigungen bei Verabredungen sind alarmierend häufig – siebenundvierzig Prozent der Studentinnen an einem College im mittleren Westen der USA sind von ihren Ausgehpartnern vergewaltigt worden.

▷ Über dreißig Prozent aller alleinstehenden, sexuell aktiven Amerikaner leiden an einer durch Sex übertragenen Krankheit (z. B. Herpes, Feigwarzen, Gonorrhoe, Syphilis oder AIDS).

▷ Im vergangenen Jahrzehnt haben sich die Festnahmen von Voyeuren, Pädophilen (Erwachsenen, die Geschlechtsverkehr mit Kindern haben) und Exhibitionisten verzehnfacht.

Und das ist nur die Spitze des Eisberges.

Die Leidenschaft unserer Kultur für sexuelle Kenntnisse und Erfahrungen macht uns nicht zu besseren, zärtlicheren Liebhabern. Statt dessen verursacht sie mehr Unzufriedenheit, sexuelle Störungen und Schmerzen. Die meisten Leute, die wie Ryan und Ann in mein Sprechzimmer kommen, können von sexuellen Konflikten, Enttäuschungen oder Scham erzählen. Die Praktiken und Überzeugungen anderer haben sie verletzt, oder sie haben sich durch ihr eigenes Verhalten geschädigt.

Hausfrauen und -männer, Rechtsanwälte, Büroangestellte, Vertreter und andere normale, alltägliche Menschen tragen tiefe innere Narben von schädlichen Sexualpraktiken davon. Äußerlich mögen sie heil und gesund erscheinen, doch nur zu oft sind sie innerlich verwundet. Diese inneren Wunden richten Schaden an wie äußere, körperliche Wunden auch, und obwohl sie scheinbar unsichtbar sind, haben sie doch erhebliche Auswirkungen auf unser Leben. Sie veranlassen uns dazu, *kodependenten* oder *zwanghaften Sex* zu praktizieren.

Die sexuell Kodependenten sind die neue Generation der „wandelnden Verwundeten", deren Verhaltensweisen das Ergebnis all dieser Wunden sind. Sie sind diejenigen, die Sex geben, um Liebe zu bekommen, statt den Sex aus Liebe zu

26

genießen. Manche geben dem sexuellen Druck von anderen nach und fragen sich später, warum. Andere ziehen sich innerlich vom Sex zurück, indem sie sich den Ansprüchen anderer ausliefern, weil es ihnen einfach zu weh tut, sich damit zu befassen. Beide fühlen sich leer und sexuell unausgefüllt.

Auch diejenigen, die zwanghaften Sex praktizieren, sind unbefriedigt und verwundet – sie geben Liebe, um Sex zu bekommen, finden jedoch, wie die Kodependenten, niemals Erfüllung.

Doch obwohl die Statistiken beängstigend sind, dringen sie selten bis zu unseren Herzen vor. Lassen Sie mich Ihnen die Geschichte eines dieser „statistischen Fälle" erzählen, die Geschichte eines jungen Mädchens namens Eve, das mir immer im Gedächtnis bleiben wird als das „Mädchen mit dem schwarzen und dem weißen Socken".

Evas Geschichte

Ihr stand die Welt offen – zumindest glaubte das jedermann bis zu jener schicksalhaften Nacht. Hübsch und lebhaft, fünfzehn Jahre jung, war sie gerade dabei, zu voller Weiblichkeit aufzublühen. Ihre funkelnden grünen Augen und ihre von der Sonne Arizonas gebräunte Haut waren von ihrem braunen Haar gekrönt, durch das sich rotschimmernde Strähnen zogen. In der Schule erntete sie die besten Noten, und in ihrer Gemeinde leitete sie die Jugendgruppe.

An jenem Tag kam Eva wie üblich von der Schule nach Hause, machte ihre Hausaufgaben und ging früh zu Bett. Ihre Eltern hatten den Eindruck, daß irgend etwas sie in letzter Zeit innerlich sehr beschäftigte, aber sie führten das auf die hohen Anforderungen in der Schule zurück. Etwa um acht Uhr rief eine Freundin an und erfuhr, daß Eva früh zu Bett gegangen war. Irgend etwas reimte sich da für diese Freundin nicht zusammen – in den letzten Wochen hatte sich Eva immer mehr zurückgezogen. Also beschloß sie, zu Evas

Haus zu gehen und an ihr Fenster zu klopfen, um zu sehen, ob sie vielleicht darüber reden wollte. Als sie durchs Fenster lugte, sah sie Eve in ihrem hübschesten weißen Kleid mit einer Bibel auf der Brust, gefalteten Händen und geschlossenen Augen ausgestreckt auf dem Bett liegen. Eva trug einen weißen und einen schwarzen Socken. Das leere Tablettenröhrchen war auf dem Nachttisch zu sehen.

Schreiend stürzte Evas Freundin durch die Vordertür. Ein Notarztwagen wurde gerufen und raste mit Eva ins Krankenhaus. Ein paar Stunden lang stand ihr Leben auf Messers Schneide, doch sie war rechtzeitig gefunden worden.

„Jeder will wissen, warum du es getan hast", sagte ich zu Eva, nachdem sie aus dem Krankenhaus entlassen worden war. Sie war von dem Arzt und dem Psychiater in der Notstation zu mir überwiesen worden, und ihre Eltern hatten sie zu mir gebracht.

„Ich weiß es nicht genau", sagte sie leise, ohne aufzublicken.

„Hat es irgend etwas mit dem schwarzen Socken zu tun?"

Tränen rollten über ihre Wangen, als sie den Kopf drehte, um ihr Gesicht vor mir zu verbergen.

„Was tut dir so weh, daß du nicht darüber reden kannst?"

„Ich kann einfach nicht! Sie würden mich für einen schrecklichen Menschen halten!"

„Stell mich auf die Probe. So schmerzhaft wie das, was du gerade durchgemacht hast, kann es gar nicht sein. Wir haben alle Geheimnisse, für die wir uns schämen, aber die Scham wird nur immer schlimmer, wenn wir das Geheimnis nicht jemandem mitteilen."

„Ich ... ich ... weiß nicht, was ich sagen soll."

„Fang einfach ganz von vorne an. Was ist passiert?"

Nachdem sie ein wenig im Sessel hin- und hergerutscht war, begann sie, mir ihre Geschichte zu erzählen.

„Ich habe ihn in der Schule kennengelernt. Er kam einfach zu mir herüber und sprach mich an. Meine Freundin fand das toll, weil er schon in der Oberstufe ist und in der Schulmannschaft Fußball spielt. Er wollte, daß ich am Freitagabend mit ihm zu einer Party gehe. Ich sagte ihm, ich könnte nicht, weil ich wußte, daß meine Eltern das nie erlauben würden. Er sagte immer wieder, ich müßte unbedingt mit ihm ausgehen, also fingen wir an, uns jeden Tag in der Schule zu treffen."

„Hattest du ihn gern?"

„Ja. Er war sehr nett zu mir."

„Seid ihr schließlich miteinander ausgegangen?"

„Nein, aber wir haben uns ständig in der Schule gesehen."

„Wie ernst wurde es?"

„Wir mochten uns sehr."

„Wußten deine Mutter und dein Vater, daß du mit ihm zusammen warst?"

„Nein. Ich hatte Angst, meiner Mutter davon zu erzählen, weil ich nicht mit Jungen ausgehen darf, bis ich sechzehn bin."

„Wenn du ihn mochtest und er dich mochte, was ging dann schief? Sind deine Eltern dahinter gekommen?"

„Es war etwas anderes."

„Erzähl mir davon."

„Er wollte mich nach der Band-Übungssession mit dem Auto seines Bruders nach Hause fahren. Ich wußte, daß das Schwierigkeiten geben würde, aber er erzählte mir immer wieder, es würde schon alles gutgehen. Wir könnten dann allein sein. Ich wußte nicht, was ich tun sollte, also stieg ich ein. Dann passierte es."

Die Tränen begannen wieder zu fließen. Sie vergrub ihr Gesicht in den Händen und wollte nicht mehr aufblicken. Ich konnte ihren Schmerz nachfühlen. Ich fragte mich, wovor sie wohl ausweichen wollte. Sie mußte der Sache ins Gesicht sehen, sonst würde es keine Heilung für sie geben, das wußte ich. Ihr Selbstmordversuch war ein verzweifelter Versuch gewesen, dem Schmerz und der Wirklichkeit eines tragischen Ereignisses auszuweichen, und der schwarze Socken war ihre eigene symbolische Art, sich selbst und anderen die Wahrheit zu sagen. Sie fühlte sich schmutzig, verdorben; irgend etwas war geschehen, das einen unauslöschlichen Makel hinterlassen hatte. Ich litt mit ihr, aber ich wußte, daß wir weitermachen mußten. „Was geschah, als du in das Auto eingestiegen warst? Brachte er dich nach Hause?"

Sie suchte nach einem Taschentuch, dann fuhr sie mit leiser Stimme fort, ohne aufzublicken. „Wir parkten auf einem freien Feld in der Nähe unseres Hauses." Sie machte eine lange Pause. „Er fing an, mich zu küssen und zu berühren."

„Wolltest du, daß er das tut?"

„Nein. Aber ich wußte nicht, wie ich ihn davon abhalten sollte."

„Was passierte dann?"

„Er fing an, mich zu berühren ... da unten ... Ich sagte nein, aber er hörte nicht auf mich. Er machte einfach weiter. Er hörte nicht auf. Es war wie ein böser Traum. Es war, als ob ich mich selbst beobachtete, bis er fertig war. Ich wußte nicht, was ich tun sollte. Es ging alles so schnell."

„Du meinst, er drängte dich immer weiter, bis er mit dir geschlafen hatte, obwohl du gar nicht wolltest?" Sie nickte.

„Es tut mir wirklich sehr leid, daß dir das passiert ist."

Die Tränen flossen erneut, und sie zitterte am ganzen Körper. Auch ich hatte jetzt Tränen in den Augen. Doch mein Mitleid verwandelte sich schnell in Zorn. Was für eine tragische Art für ein junges, unschuldiges Mädchen, den Sex kennenzulernen! Was war mit diesem Burschen los? Wußte er nicht, was für tiefgreifende Auswirkungen seine ungezügelte sexuelle Gier auf dieses Mädchen haben würde? Ich beantwortete mir die Frage selbst. Nein, er wußte es nicht; sonst hätte er das nie getan. Er ist nichts als ein weiterer sexbesessener junger Bursche, der sich seinen Sex auf Kosten eines anderen Menschen verschafft hatte.

Meine Gedanken wandten sich wieder dem Mädchen zu. Wir mußten uns nur auf ihren Schmerz konzentrieren, darauf, wie sie das Ereignis innerlich verarbeitete. Beschimpfte sie sich selbst? Sah sie seine Verantwortung? Erkannte sie, daß sie in Wirklichkeit ausgenutzt, ja vergewaltigt worden war? Wodurch verstärkte sich ihr Schmerz? All diese Fragen mußten beantwortet werden.

Etwas im Tiefsten Privates und Persönliches war verletzt

worden. Etwas Besonderes war verloren gegangen. Sie hatte ihre Jungfräulichkeit und gleichzeitig ihre Unschuld verloren. Sie hatte sie nicht bereitwillig oder liebevoll hingegeben. Man hatte sie ihr gewaltsam und lieblos geraubt. Das Ergebnis waren Scham, Schuldgefühle und Verwirrung. Wo sexuelle Unschuld auf falsche Weise hingegeben oder genommen wird, kann das Ergebnis nie positiv sein; statt zu wachsen, fühlen wir uns kleiner.

„Was empfindest du über diese Sache?"

„Ich fühle mich wirklich schlecht!"

„Was meinst du mit schlecht?"

„Ich hätte das niemals tun dürfen! Ich kann mich nicht mehr im Spiegel ansehen."

„Du fühlst dich also schuldig und beschämt?"

„Ja. Es ist alles mein Fehler."

„Wie kommst du auf den Gedanken, daß es alles dein Fehler ist?"

„Ich habe zugelassen, daß er mich nach Hause bringt."

Wir verbrachten einige Zeit damit, die Schuldfrage aufzuarbeiten. Wie die meisten Menschen, die Sexualität auf verletzende oder falsche Art und Weise erleben, konnte sich Eva allein nicht richtig klarmachen, wofür sie wirklich verantwortlich war und wofür nicht. Sie hatte ihre Eltern getäuscht, und sie hatte auch keine klaren Grenzen gesetzt. Vielleicht hätte er aufgehört, wenn sie laut geschrien oder ihn resoluter zurückgewiesen hätte. Doch schließlich war sie erst fünfzehn. Es ist schon für Erwachsene schwer genug, sich über die Grenzlinien für Sex, Liebe und Zärtlichkeiten in einer Beziehung völlig klar zu sein – besonders dann, wenn man niemals darüber spricht. In Evas Familie wurde nie darüber gesprochen. Sie waren rechtschaffene Leute, aber sie waren passiv wie Eva selbst auch. Ihre eigenen Eltern hatten niemals über Sex, Liebe oder Beziehungen geredet, also taten sie es auch nicht. Damit war Eva beim Kennenlernen dieser Dinge sich selbst überlassen.

Der Junge war achtzehn, aber er war auf Sex und auf eine Beziehung ebenso unvorbereitet wie Eva. Auch er kannte keine Grenzen, deshalb verletzte er die ihren. Sie sagte nein, aber er hörte nicht auf sie. Statt dessen drängelte er immer weiter, bis er bekommen hatte, was er wollte. Wie so viele in unserer Gesellschaft war er blind dafür, wie sich seine Sexualität auf ihn selbst und auf andere auswirkte. Sein Wunsch nach dem Vorrecht, mit einem hübschen jungen Mädchen zu schlafen, verbunden mit seiner Unfähigkeit, sich zu seiner Verantwortung dafür zu stellen, brachten Eva um ihre Unschuld.

Offensichtlich war Eva durch dieses Erlebnis verletzt worden. Sie fand Sex alles andere als aufregend oder schön; nur noch schmerzhaft und verwirrend. Sie mußte wiedererlangen, was sie verloren hatte, und der Schaden, den dieser Vorfall angerichtet hatte, mußte behoben werden.

„Ich fühle mich anders als früher ... ich bin nicht mehr dieselbe", sagte mir Eva eines Tages.

„Inwiefern bist du anders geworden?" fragte ich. Eva kam nun seit drei Monaten zu mir in die Sprechstunde.

„Ich habe das Gefühl, daß ich etwas verloren habe, das ich aber jetzt wiedergefunden habe. Nachdem das passiert war, habe ich mich unendlich geschämt. Ich fühlte mich schmutzig. Ich wollte nicht, daß irgend jemand davon erfährt. Und ich wollte nie wieder etwas von Sex wissen. Aber jetzt glaube ich, daß ich zur rechten Zeit und mit dem richtigen Menschen auch richtig mit Sex umgehen kann."

Eva hatte sich in der Tat verändert. Sie erinnerte sich immer noch an den Vorfall, aber sie schämte sich nicht mehr dafür. Sie war auch in anderer Hinsicht gewachsen. Sie wußte nun, was Grenzen sind, und verstand deren Nutzen und Notwendigkeit. Doch einige Fragen nagten immer noch an mir. Was für eine Art Mann würde sie sich als nächstes aussuchen? Wie würde sein Einfluß auf ihr Leben aussehen? Wie würde sie mit ihrem Bedürfnis nach Liebe, Aufmerksamkeit und Zuneigung von Männern umgehen? Verstand sie, wie ihre Familie und ihr erstes sexuelles Erlebnis sich auf die Entfaltung ihrer Weiblichkeit auswirkten? Dies sind Fragen, über die alle Eltern nachdenken und die sich alle Frauen selbst stellen sollten. Untersuchungen in den USA belegen, daß über drei Viertel aller jungen Frauen sexuelle Erlebnisse haben, bevor sie die High School abschließen. Wie wird sich das auf ihr Leben auswirken – besonders im Hinblick auf ihre zukünftigen sexuellen Verhaltensweisen und ihre Beziehungen zu Männern?

Die Entfaltung der Weiblichkeit

Die Familie ist der wichtigste einzelne Prägefaktor bei der Entfaltung unserer inneren Einstellungen darüber, wer wir sind und welche Bedürfnisse wir haben. Das Erlebnis der ersten Liebe, insbesondere das erste sexuelle Erlebnis, ist normalerweise der zweitstärkste Einfluß darauf, was für Leute wir werden und wie wir uns anderen Menschen gegenüber verhalten. Wir lernen, wer wir sind, indem wir uns auf andere Menschen einlassen.

Evas „Liebhaber" hatte sich gedankenlos in einen der empfindlichsten Entwicklungsprozesse im Leben einer Frau eingemischt, nämlich den Prozeß, durch den sie ihre erwachende Weiblichkeit prägt und akzeptiert – die *Feminisierung*. Feminisierung ist der Prozeß, in dem ein junges Mädchen die Verhaltensweisen, Einstellungen und Gefühle einer Frau erlernt. Dazu gehören besonders ihre sexuellen Rollen- und Verhaltensmuster gegenüber Männern.

Männer spielen im Leben einer Frau eine entscheidende Rolle. Wann, wo und wie ein Mann mit einer Frau in Berührung kommt, hat weitreichende Folgen für ihre Entwicklung. Untersuchungen zeigen, daß die Feminisierung weitgehend von einer liebevollen Beziehung zu einem Vater abhängt, der die Weiblichkeit seiner Tochter ermutigt und begrüßt. Die Art, wie Väter auf ihre Töchter eingehen, ist enorm wichtig für die Entwicklung und Persönlichkeitsfindung dieser Töchter. Und die erste Liebe einer Frau setzt diesen Prozeß fort und verfeinert ihn. Dieser Mann wird die

Entfaltung ihres Frauseins entweder fördern oder behindern.

Eva befand sich in der Prägephase ihres Lebens; sie war dabei, sowohl körperlich als auch emotional zur Frau heranzureifen. Von anderen erhielt sie oft Komplimente wie: „Was für eine schöne junge Frau du wirst!" Doch wie es bei so vielen jungen Frauen der Fall ist, wurde ihr Potential durch die Männer in ihrem Leben vermindert.

Evas Vater war passiv und desinteressiert und nahm an ihrem täglichen Leben nicht teil. Da er sich übermäßig stark von seiner Arbeit vereinnahmen ließ, sprach er selten mit ihr und zeigte ihr nur wenig Zuneigung. Sie lechzte nach seiner Aufmerksamkeit und übertrug diese Sehnsucht auf eine Aufmerksamkeit aller Männer. Ihr erster Liebhaber gab ihr diese Aufmerksamkeit, doch dabei nahm er viel mehr, als er gab. Wenn sie enger mit ihrem Vater verbunden gewesen wäre, wäre sie möglicherweise nicht so leicht verwundbar gewesen. Hätte sie zu Hause mehr Aufmerksamkeit und Zuneigung bekommen, wäre es ihr vielleicht gelungen, Grenzen zu ziehen und sich davor zu schützen, daß ihr jemand diese Aufmerksamkeit auf schädliche Weise zukommen ließ.

Wenn eine Tochter legitime emotionale Bedürfnisse hat, die von ihrem Vater nicht befriedigt werden, dann wird sie versuchen, sich diese Bedürfnisse auf ungesunde Weise von anderen Männern befriedigen zu lassen.

Liebe für Sex – Sex für Liebe

Wir haben gesagt, daß Frauen Sex geben, um Liebe und Aufmerksamkeit zu bekommen, und daß Männer Liebe und Aufmerksamkeit geben, um Sex zu bekommen. Beide Einstellungen sind schädlich. Wenn Frauen Sex nur geben, um dafür Liebe und Aufmerksamkeit zu bekommen, kann das dazu führen, daß sie gegen ihre eigenen Wertvorstellungen und Überzeugungen verstoßen. Indem sie gegen diese Überzeugungen verstoßen, verletzen sie sich selbst und bringen sich um die Erfüllung, die ihnen der Sex eigentlich bieten sollte. Sex kann so zu einer subtilen Form emotionaler Prostitution werden, die zu zwanghaften oder kodependenten sexuellen Praktiken führt.

Wenn eine Frau einen Mann anzieht, indem sie ihn mit ihrer Sexualität lockt und so eine Verheißung übermittelt, die sie nicht erfüllen kann oder will, dann wird sie einen Mann anziehen, der darauf aus ist, ihr die Liebe zu geben, die sie braucht, um den Sex zu bekommen, den ihre verführerische Art verheißt. Daraus resultiert ein kodependentes sexuelles Verhaltensmuster, das nicht nur ihr selbst Schmerz und Verwirrung einbringt, sondern auch dem Mann, der erwartet, das zu bekommen, was ihm ihre verführerische Art verheißt. Und dieses Verhaltensmuster führt zu Verärgerung und zu Grenzverletzungen.

Umgekehrt, wenn Männer Liebe geben, um Sex zu bekommen, werden sie unweigerlich Frauen manipulieren, um den Sex zu bekommen, den sie wollen. Das kann zu Grenzüberschreitungen führen, durch die Frauen tief verletzt werden, während sie beim Mann Enttäuschung und Frustration hervorbringen. Weil Sex und emotionale Intimität für ihn nichts miteinander zu tun haben, wird er ohne Erfüllung bleiben, sich selbst verletzen und nicht wissen, warum. Um zu versuchen, doch noch Erfüllung zu finden, wird er seine Anstrengungen verdoppeln und ein zwanghaftes sexuelles Verhaltensmuster aufbauen.

Diese Verhaltensmuster und Motive finden sich nur zu oft. Sex und Liebe werden zu Dingen, denen wir blind hinterherjagen, ohne die verborgenen Motive und die langfristigen Folgen von kodependentem und zwanghaftem Sex zu erkennen.

Daß Eva in der Lage war, die Wunde zu erkennen, die durch die mangelnde Zuwendung ihres Vaters entstanden war, verringerte meine Sorge um ihre Zukunft mit Männern. Hätte Eva die Beratung abgebrochen, ohne die schmerzhafte Hinterlassenschaft ihrer Familie und ihrer ersten Liebe aufzuarbeiten, wäre sie in Gefahr gewesen, in ihren Beziehungen immer wieder zu scheitern. Eva hätte in der Versuchung gestanden, Sex zu geben, um Liebe zu bekommen, und hätte sich immer schlecht dabei gefühlt. Sie hätte sich zu Männern wie Ryan hingezogen gefühlt, die Aufmerksamkeit geben, um Sex zu bekommen. Kurz, sie hätte mit Kodependenz zu kämpfen gehabt.

In meinem Buch *One-Way Relationships: When You Love Them More Than They Love You* gebe ich die folgenden Einsichten für Menschen weiter, die in kodependenten Verhaltensmustern gefangen sind. *Kodependenz* ist eigentlich nur ein neuer Ausdruck für das alte Problem, zuviel und aus den falschen Gründen zu lieben, zu sorgen oder zu geben. Es ist der Fachausdruck für die Neigung,

▷ zu lieben, um geliebt zu werden,
▷ für andere zu sorgen, damit andere für einen sorgen,
▷ zu geben, um zu bekommen,
▷ anderen zu gefallen, um akzeptiert zu werden, oder
▷ andere zu verwöhnen und zu beschwichtigen, um Folgen zu vermeiden.

Die meisten von uns haben eine gewisse natürliche Neigung zur Kodependenz. Doch bei manchen Menschen wird die Kodependenz zu einem starken, negativen Stil des Umgangs mit anderen, der Menschen tief verletzen und Beziehungen zerstören kann. Wenn unser vorrangiges Motiv, zu lieben oder für jemanden zu sorgen, aus unserem eigenen verzweifelten Bedürfnis nach Liebe entspringt, dann besteht die Gefahr, daß wir einander verletzen. Wir neigen dazu, zuviel von uns selbst hinzugeben, um sicherzustellen, daß die anderen uns lieben. Manchmal verletzen und schädigen wir sogar uns selbst, weil wir nicht nein sagen können, wenn es nötig wäre. Kodependenz ist im Grunde nichts anderes als der Schrei eines verwundeten Herzens nach Liebe.

Öffnen Sie die Tür für die Heilung

Sexuelle Wunden und schmerzhaftes familiäres Erbe fördern kodependente sexuelle Verhaltensweisen und Kodependenz. Doch die Heilung steht jederzeit zur Verfügung, wenn wir Gott bitten, uns zu zeigen, wie unsere Familien und unsere Vergangenheit unser heutiges sexuelles Leben bestimmen. Geben Sie Gott die Erlaubnis, die Türen Ihrer Erinnerung aufzuschließen, und haben Sie den Mut, sich Ihrer Vergangenheit zu stellen. Wir alle haben verwundete Herzen, die nach Liebe schreien. Indem wir Gott unsere Wunden hingeben, werden wir frei, die Liebe zu erfahren, die wir so dringend brauchen. Sex ist kein Heilmittel für ein verwundetes Herz oder eine verflachende Beziehung. Aber Gottes Heilung und Liebe sind es. Die Unschuld wird wiederhergestellt, wenn die Wunden und die schmerzhaften Hinterlassenschaften geheilt sind.

Wie Ihre Familie
Ihr Sexualleben bestimmt

„Meine Familie hatte keine Genitalien", sagte Ann.
Die Aussage überraschte mich. Ich hatte noch nie gehört,
wie jemand seine Familie so beschrieb. „Wie meinen Sie
das?"

„Ich habe einmal einen Videofilm über Familien gesehen,
wo der Sprecher sagte, manche Familien stellten sich so, als
hätten sie keine Genitalien. Da mußte ich sofort an meine Familie denken. Niemand in meiner Familie hat je riskante
Witze erzählt oder die Wörter *Sex, Penis* oder *Vagina* benutzt.
Ich glaube, wir haben alle so getan, als ob es so etwas wie Sex
und Geschlechtsteile gar nicht gäbe. Aber in Ryans Familie
war es genau das Gegenteil. Dort wird ständig über Sex geredet und gewitzelt, so sehr, daß ich mich unter ihnen nicht
wohl fühle."

„Heißt das, daß Ihnen der ganze sexuelle Bereich peinlich
ist?" fragte ich.

Ann antwortete nicht sofort; sie schien in Gedanken ver-
sunken zu sein.

„Woran denken Sie?"

„Mir ist gerade klar geworden, wie peinlich mir alles ist,
was mit Sex zu tun hat. Selbst mit Ihnen zu reden verursacht
mir ein unbehagliches Gefühl. Ryan meint, ich sei zu gehemmt. Er glaubt, ich müßte mir mehr Sex wünschen, aber
ich habe einfach nicht das Gefühl, daß ich ihn so oft brauche.
Er beklagt sich auch, ich sei zu zimperlich beim Sex, weil ich
Vorspiel und allzuviel Berührungen nicht mag. Er meint, mit
mir stimmt etwas nicht, wenn ich sage, ich könnte wahrscheinlich auch ohne Sex leben." Ann zögerte. „Glauben Sie,
daß etwas mit mir nicht stimmt?"

39

Ich beantwortete diese Frage sehr ungern, weil ich wußte, daß es sie wahrscheinlich verletzen würde. „Ja, Ann. Ich glaube, daß Sie an einer Hemmung Ihres Sexualtriebes leiden, was bedeutet, daß Ihnen Sex einfach nicht die Freude und Erfüllung bringt, die Gott Ihnen dadurch schenken möchte."

Ihr Gesichtsausdruck veränderte sich. Einige kleine Tränen tropften von ihrer Wange herab. Sie betupfte ihre Augen mit der Spitze eines Taschentuchs und sagte: „Ich habe es immer gewußt, aber es ist trotzdem hart, wenn man es ins Gesicht gesagt bekommt." Nach einer Pause fügte sie hinzu: „Liegt es an meiner Familie?"

„Wahrscheinlich. Aber nicht nur an Ihrer Familie. Sexuelle Probleme können mehr als eine Ursache haben; aber da die Grundlage für das sexuelle Empfinden in der Familie gelegt wird, bin ich sicher, daß Ihre Familie zu dem Problem beigetragen hat. Sind Sie bereit nachzuforschen, wie das möglicherweise geschehen ist?"

Ich bat um ihre Erlaubnis, weil viele Menschen davor zurückschrecken, sich zu intensiv mit ihrer Familie zu befassen. Manche Leute empfinden es als illoyal, die Schwächen ihrer Familie zu untersuchen oder Familienangelegenheiten mit Außenstehenden zu erörtern. Ein Familienmitglied drückte es in der Sprechstunde treffend so aus: „Wir besprechen solche Dinge einfach nicht mit anderen Leuten. Wir behalten unsere Angelegenheiten für uns."

Es ist nicht notwendig, die „Sünden und Geheimnisse" Ihrer Familie in alle Welt hinauszuposaunen. Es wäre jedoch ungesund, niemals über Ihre Beziehungen zu Ihrer Familie zu sprechen, wenn Sie das davon abhält, sich der Wahrheit über sich selbst und Ihre Familie zu stellen. Gesundheit erfordert Wirklichkeit, und eine ehrliche Einschätzung Ihrer eigenen Schwächen und der Schwächen Ihrer Familie gehört zur Wirklichkeit des Lebens. Wenn wir die Vergangenheit wirklich loslassen und den Blick nach vorne richten wollen, müssen wir uns diesen Schwächen stellen.

Die Macht der Familie

Die Familie ist der stärkste einzelne Einfluß auf die Art unserer Beziehungen zu anderen, denn sie bestimmt die Entwicklung

▷ unseres Selbstkonzeptes,
▷ unseres Verständnisrahmens für Liebe
▷ und unserer Einstellung gegenüber anderen.

Betrachten wir jeden dieser Punkte im einzelnen.

Unser Selbstkonzept

Das Selbstkonzept ist die Summe aller unserer Gedanken, Bilder, Überzeugungen und Wahrnehmungen über uns selbst, und es wird zu einem großen Teil davon geprägt, wie sich unsere Familie uns gegenüber verhalten hat. Wenn eine Familie ein Kind vernachlässigt und seine Gegenwart und seine Bedürfnisse ignoriert, dann bringt sie dadurch in ihm das Gefühl hervor, nicht würdig oder wichtig zu sein. Fürsorgliche, aufmerksame Eltern dagegen übermitteln durch ihr Verhalten die Botschaft: „Du bist etwas Besonderes. Du bist wichtig. Du bist wertvoll."

Die Art, wie wir uns selbst sehen, ist ein entscheidender Faktor für unsere Beziehungen zu anderen. Sie hat auch viel mit den Erwartungen zu tun, die wir an den Sex herantragen. Die meisten Frauen, die in sexueller Hinsicht kaum Grenzen kennen, stammen aus Familien, in denen ihr Selbstwertgefühl nicht gestärkt wurde. Wem es an Selbstwertgefühl mangelt, der kann dazu neigen, Sex zu geben, um Bestätigung zu bekommen – zu tun, was immer andere von ihm wollen, um die so verzweifelt benötigte Liebe und Zustimmung zu empfangen. Das ist ein kodependentes Sexualverhalten. Tragischerweise kann das die Gefahr verstärken, daß die betreffende Person zum Opfer sexuellen Mißbrauchs oder sexueller Gewalt wird. Auch Menschen, denen Sex und

41

sexuelle Eroberungen sehr wichtig sind, kommen normalerweise aus Familien, in denen ihr Selbstwertgefühl nicht angemessen gestärkt wurde. Akzeptanz und Bestätigung waren zu sehr daran gebunden, daß man sexuell erfolgreich war. Menschen, die in einer solchen Umgebung aufwachsen, geben Liebe, um Sex zu bekommen, weil sie die Bestätigung brauchen, die ihnen sexuelle Eroberungen vermitteln, um die Unsicherheit in Schach zu halten, die sie tief in sich verspüren. Das ist zwanghaftes Sexualverhalten. Es kann auch zu sexuellen Abweichungen und zur Verletzung anderer führen.

Die Art, wie Familien ihre Angehörigen bestätigen, akzeptieren, lieben, erziehen oder ablehnen, hat einen starken Einfluß auf deren Selbstkonzept. Und dieses wiederum wirkt sich sehr stark darauf aus, wie man zu bestimmten Körperteilen, zu seiner sexuellen Identität, seiner sexuellen Leistungsfähigkeit und seinem sexuellen Verhalten gegenüber anderen steht.

Unser Verständnisrahmen für Liebe

Das Familienleben prägt uns allen einen Verständnisrahmen für Liebe ein. Ihre Vorstellung davon, was Liebe ist und wie man sie gibt und empfängt, stammt aus den Verhaltensmustern in Ihrer Familie. Wenn Ihre Mutter und Ihr Vater ihre Zuneigung zueinander und zu Ihnen niemals durch Berührungen oder Zärtlichkeiten ausdrückten, dann kann sich das auf zweierlei Weise auswirken. Vielleicht haben Sie Schwierigkeiten mit Berührung und Zärtlichkeit und fühlen sich unbehaglich dabei, wenn Sie Zärtlichkeiten geben oder empfangen. Und Sex fällt Ihnen womöglich nicht leicht, oder Sie empfinden ihn nicht als ausschließlich angenehm. Das liegt daran, daß Sex die totale Berührung zweier Körper ist, bei der zwei Menschen zu einer Einheit verschmelzen. Das ist der umfassendste körperliche Ausdruck von Liebe, der möglich ist. Und da, wo Berührungen und körperliche Zärtlichkeiten streng beschränkt waren, da kann sexuelle Beschränkung die Folge sein.

Die andere Möglichkeit ist, daß Sie den Mangel überkompensieren, indem Sie zuviel Berührung und Zärtlichkeit brauchen und geben, und zwar aus den falschen Gründen. Ryan gab und brauchte sehr viel Zärtlichkeit, aber er brachte sie immer mit Sex in Verbindung. Er konnte nicht zwischen nicht-sexueller und sexueller Zärtlichkeit unterscheiden – die beide für eine gesunde Beziehung notwendig sind.

Wenn jemand zuviel Berührung und Zärtlichkeit braucht, dann wird er Grenzen verletzen, und seine Berührungen werden stärker sexuell orientiert sein, weil Sex so sinnlich ist. Das allgemeine Bedürfnis nach Zuneigung kann dann von den sexuellen Bedürfnissen verdrängt werden, und das führt dazu, daß man Aufmerksamkeit gibt, damit man seine sexuellen Bedürfnisse befriedigen kann. Indessen bleibt das wirkliche Bedürfnis nach liebevoller Bestätigung unbefriedigt. Wenn in einer Beziehung auf das Bedürfnis nach Zärtlichkeit nicht offen eingegangen wird, dann kann sich dadurch die Befriedigung anderer Bedürfnisse verzerren; ein Gefühl der Leere bleibt zurück, und Zwanghaftigkeit ist die Folge. Sex ist dazu da, unsere tiefen Bedürfnisse nach Bestätigung und Zärtlichkeit zu befriedigen; doch wenn er zum *einzigen* Mittel dazu wird, dann wird er zu mächtig und bringt *weniger* Erfüllung – nicht *mehr*.

Unsere Einstellung gegenüber anderen

Unsere Familien prägen uns auch eine bestimmte Einstellung gegenüber anderen ein und bestimmen, was wir mit anderen und für andere tun. Wenn in Ihrer Familie Männer besser behandelt wurden als Frauen oder Söhne besser als Töchter, dann werden Sie dazu neigen, Männlichkeit höher einzuschätzen als Weiblichkeit. Wenn Sie eine Frau in einer solchen Familie sind, dann werden Sie möglicherweise Ihre Rolle darin sehen, die Wünsche von Männern über Ihre eigenen zu stellen. Wenn Ihr Partner Sex möchte, Sie aber nicht, dann werden Sie dazu neigen, sich nach seinen Wünschen zu richten statt nach Ihren eigenen. Das Ergebnis ist, daß Sie niemals an Ihre eigene Sexualität oder Ihre sexuellen Bedürfnisse denken.

Wenn Sie dagegen an den ungesunden Wertvorstellungen Ihrer Familie Anstoß genommen haben, besteht Ihre Reaktion vielleicht in einer Überkompensation. Vielleicht schätzen Sie Frauen höher ein als Männer, Weiblichkeit höher als Männlichkeit, Töchter höher als Söhne; und Sie haben Schwierigkeiten, an die Wünsche Ihres Mannes zu denken.

In beiden Fällen wird sich die Wahrnehmung anderer in Ihrer Familie auf Ihre Entscheidungen im Hinblick auf Beziehungen und Sexualität auswirken. Sex wird für Sie eine eher einseitige als gegenseitige Sache sein.

Kodependenter Sex

Wie wir bereits im zweiten Kapitel gesehen haben, ist Kodependenz die Neigung, zuviel und aus den falschen Gründen zu lieben, zu sorgen oder zu geben. Kodependenz gibt es auch im sexuellen Bereich. Wenn Sex nicht als gegenseitiger Ausdruck von Liebe empfunden wird, dann gibt es normalerweise einer der Partner Sex aus den falschen Gründen:

▷ um den anderen nicht zu verärgern oder zu verletzen,
▷ damit der andere ihn mag oder glücklich mit ihm ist,
▷ damit der andere Partner ihn nicht als gestört ansieht.

Frauen, die Orgasmen vortäuschen, praktizieren kodependenten Sex. Sie schützen sich davor, als sexuell gestört angesehen zu werden. Auch Frauen, die Sex nur geben, um Liebe zu bekommen, stecken in der gleichen Falle der Kodependenz. Guter Sex erfordert Ehrlichkeit vor sich selbst und vor dem anderen; er erfordert Gegenseitigkeit. Nicht vollkommen gleiche Leistung und gleiches Verlangen – nur wenige Paare sind sexuell vollkommen aufeinander abgestimmt –, sondern eine gemeinsame Bereitschaft, das Geschenk der sexuellen Intimität zu genießen, das Gott ihnen gegeben hat,

44

und die gemeinsame Bereitschaft, eine Atmosphäre zu schaffen, in der beide den Sex für sich selbst genießen und miteinander teilen.

Beim kodependenten Sex jedoch fehlt diese Qualität tiefer Ehrlichkeit. Kurz, es besteht keine wahre Intimität.

Intimität ist jenes tiefe Gefühl der Bereicherung, das wir empfinden, wenn wir unser inneres Wesen rückhaltlos einem anderen mitteilen und das annehmen, was er uns mitteilt. Das Wort stammt von dem lateinischen *intimus*, „der Innerste". Das weist auf Intimität als die Berührung zweier Seelen, die Verschmelzung zweier Geister. Intimität wird zu dem lindernden Balsam unserer Einsamkeit. Wenn wir sie schmekken, sind wir irgendwie nicht mehr so allein, nicht mehr so schmerzbeladen, nicht mehr so unvollständig.

Beim Sex erleben wir den körperlichen Akt der Intimität, der es uns ermöglicht, diese Einheit noch tiefer zu erfahren. Unsere körperliche Nacktheit spiegelt unsere emotionale Ehrlichkeit wider, und die körperlichen Umarmungen machen die gegenseitige emotionale Annahme sichtbar. Tiefgehender und intimer Sex erfordert keine große technische Fertigkeit, sondern ein tiefes Offenlegen des Selbst und eine liebevolle Annahme des anderen.

Wenn wir Intimität als Ziel unseres sexuellen Verhaltens anstreben, können wir trotz unterschiedlicher Wünsche und Praktiken gesunden Sex erleben. Es kann immer noch vorkommen, daß eine Frau weniger Verlangen nach Sex hat als ihr Mann; dennoch können beide eine tiefe Erfüllung finden.

Bei sexueller Kodependenz jedoch scheuen die Partner davor zurück, sich durch ehrliche Selbstöffnung verwundbar zu machen, und sie verweigern einander das kostbare Gut der völligen Annahme. So wird durch den Sex nur deutlich, wie nötig es die beiden Partner haben, sich selbst ehrlicher zu sehen. Kodependente Menschen müssen sich folgende Fragen stellen: Gehe ich auf mein eigenes Bedürfnis nach dem Ausdruck meiner Sexualität ein? Gebe ich dem anderen echte, opferbereite Liebe, Liebe ohne Bedingungen? Wie verwundbar bin ich?

45

Doch beim Gedanken der opferbereiten Liebe ist ein Wort der Vorsicht angebracht. Wo ein Partner dem anderen seine sexuelle und emotionale Verwundbarkeit entgegenbringt und der andere nicht mit völliger Fürsorge und Annahme antwortet, wird der Sex zu einer zerstörerischen Kraft. Sexuelle Verwundbarkeit verlangt eine geheiligte Antwort, sonst führt sie zu Scham und Verletzung. Sexuelle Gewalt, Ehebruch und Sexsucht verletzen Grenzen und würdigen die Sexualität herab. Auch die Menschen, die so etwas tun, sind verwundete Individuen, die für sich selbst nach Heilung trachten müssen. Der Kodependente muß erkennen, daß seine opferbereite sexuelle Liebe diese anderen nicht heilen kann. Nur Gott kann das tun. Die ständige sexuelle Unterwerfung des Kodependenten gibt dem Problem nur neue Nahrung, statt es zu verringern. Einseitige Liebe ist selten hilfreich oder gesund.

Zwanghafter Sex

„Ich kann einfach nicht aufhören, an Sex zu denken. Ich habe ständig sexuelle Gedanken, selbst während des Gottesdienstes. Meine Augen und meine Gedanken gehen spazieren, und ich starre jeder Frau vor mir auf den Hintern. Ich dachte immer, das wäre normal – es ginge allen Männern so –, aber jetzt werde ich allmählich unsicher."

Diese Besorgnis äußerte Ryan einmal in meiner Sprechstunde. Sex war für ihn zu einer Zwangsvorstellung geworden. Zwangsvorstellungen sind Vorstellungen oder Gedanken, die uns im Kopf herumspuken und die wir nicht abschütteln können. Bei sexuellen Zwangsvorstellungen gehen einem stundenlang oder gar den ganzen Tag über sexuelle Gedanken durch den Kopf. Es ist zwar normal, flüchtige Begierden und Gedanken zu erleben, aber bei Menschen mit sexuellen Zwangsvorstellungen haben diese Phantasien die Kontrolle übernommen. Sex nimmt für sie einen so großen

Raum ein, daß er in ihren Gedanken ständig gegenwärtig ist, ja zum Dreh- und Angelpunkt ihres Lebens wird.

In vielen Familien wird diese Art Sexbesessenheit unterstützt. Sie machen Scherze über Sex oder häufige sexuelle Anspielungen. Oder, im anderen Extremfall, sie unterdrükken jedes Gespräch über Sexualität und reagieren übermäßig auf jede sexuelle Äußerung. Sowohl die positive als auch die negative Übertreibung räumt dem Sex zuviel Gewicht ein. Das führt dann entweder zu sexuellen Zwangsvorstellungen und zwanghaftem Verhalten oder dazu, daß Kinder nichts mit Sex zu tun haben wollen, weil er ihnen als zu beängstigend und mächtig dargestellt worden ist.

Wenn eine Familie nicht angemessen auf die emotionalen Bedürfnisse eingeht, kann es auch vorkommen, daß Kinder Zuflucht dazu nehmen, sich selbst sexuell zu erregen, um Trost zu finden. Sexuell zwanghafte Menschen geben offen zu, daß sie sich ständig einsam fühlen. Dieses Gefühl der Einsamkeit kommt auf zweierlei Weise zustande: zum einen, indem Kinder nicht genug Aufmerksamkeit, Liebe oder Bestätigung bekommen, so daß sie Ersatz durch Sex suchen. Die andere Möglichkeit ist, daß Kinder in zuviel Liebe, Fürsorge oder Aufmerksamkeit verstrickt werden. Wenn das geschieht, sehnen sie sich nach dieser sofort verfügbaren Intimität auch dann noch, wenn sie erwachsen werden, und suchen sie im Sex, wenn sie sie nicht mehr bekommen.

Scham

Das schädlichste einzelne Erbe, das viele Familien ihren Kindern hinterlassen, ist Scham. Dieses schmerzliche Gefühl sitzt an der Wurzel der meisten kodependenten und zwanghaften sexuellen Praktiken. Wo das Schuldgefühl sagt: „Ich habe einen Fehler gemacht", da sagt die Scham: „Ich bin der Fehler." Scham ist oft ein schmerzliches und strafendes Bewußtsein der eigenen Unzulänglichkeit und Unfähigkeit, und sie ist vermutlich die schmerzhafteste Emotion, die man empfinden kann.

Doch Scham ist nicht immer schlecht – ein kleines Maß davon ist vermutlich gesund. Sie kann uns daran erinnern, daß wir fehlbare Menschen mit einer sündhaften Natur sind, und uns davon abhalten, unsere eigenen Bedürfnisse zum obersten Gesetz zu machen. Und außerdem ist sie eine völlig angemessene emotionale Reaktion, wenn wir gesunde Gesetze und Grenzen übertreten haben.

Doch zu viel Scham kann uns zu einem Leben in Angst und Selbsthaß verurteilen und uns einen Feind in uns selbst schaffen, der uns verdammt und verurteilt. Sie fängt in uns einen inneren Krieg an, den wir offenbar nur selten gewinnen können.

Sowohl die sexuell Zwanghaften als auch die Kodependenten haben diesen Feind in sich – eine tief im Innern sitzende Stimme der Wut, der Ablehnung, der Scham oder des Zweifels, die sie daran hindert, mit sich selbst und ihrer Sexualität in Frieden zu leben. Und beide bringen ihre Gefühle der Unzulänglichkeit mit ihrem Sexualverhalten in Verbindung. Sexuell zwanghafte Menschen versuchen, ihre Gefühle über sich selbst durch Sex zu verbessern; manche auch, indem sie sich mit einer Aura von „Machismo" umgeben, um nach außen hin so zu wirken, wie sie sich wünschen, daß es in ihrem Innern aussähe. Kodependente Menschen versuchen ebenfalls, ihre Scham zu überwinden, aber sie tun es, indem sie dem Zorn anderer auszuweichen oder die Anerkennung anderer zu gewinnen versuchen, um ihre Anerkennung für sich selbst zu verbessern. Keiner von ihnen wird emotionale oder sexuelle Erfüllung erleben, solange die Verletzungen und Schmerzen aus der Vergangenheit nicht aufgearbeitet sind und sie von der Scham befreit werden.

Scham verstärkt auch sexuelle Störungen, indem sie sexuelle Hemmungen verstärkt. Es bringt uns zu sehr in Verlegenheit, uns einem anderen Menschen völlig nackt zu zeigen – sowohl körperlich als auch emotional. Unsere Makel, Speckröllchen und Unvollkommenheiten hindern uns daran, uns selbst und andere anzunehmen, indem sie uns zu sehr an uns selbst denken lassen, als daß wir uns selbst in Leidenschaft verlieren könnten. Manchmal können die sexuellen Flüssigkeiten zu einer Quelle der Verlegenheit werden – dann wird der Geschlechtsakt als etwas „Schmutziges" empfunden. Die Scham wird uns zu viele Gebote und Verbote eintrichtern und uns daran hindern, uns auf natürliche Weise sexuell auszudrücken.

Andererseits kann ein Mensch auch gegen dieses mächtige, negative Gefühl reagieren, indem er schamlos wird. Schamlose Sexualpraktiken – Promiskuität, Prostitution, Vergewaltigung, Inzest, Masochismus, Voyeurismus und Pädophilie – verletzen persönliche und moralische Grenzen und reißen Wunden bei dem Betreffenden selbst und bei anderen auf.

Obwohl es nach außen hin nicht so scheint, haben Menschen, die sich in diese Fallen der Zwanghaftigkeit verstrickt haben, eine schwere Last der Scham zu tragen, und das ist der Grund, warum viele von ihnen ihre sexuellen Praktiken geheimhalten. Sie wissen, daß ihr Verhalten vor der Öffentlichkeit nicht bestehen könnte; sie fürchten sich davor, was andere denken könnten, wenn ihre Lebensweise bekannt würde. Das führt dazu, daß sie sich dagegen wehren, sich mit ihren Praktiken auseinanderzusetzen, wodurch sich die Schlinge ihrer Begierde, in der sie gefangen sind, nur noch enger zusammenzieht. Geheimes Leben bringt immer Scham und noch mehr Leiden hervor. Je mehr Scham man empfindet, desto mehr schreckt man vor einer Veränderung zurück, und desto tiefer und geheimer wird das Verhalten. Gefangenschaft gedeiht in der Dunkelheit. Sie verwelkt, wenn sie dem Licht der Wahrheit ausgesetzt wird.

Schamlosigkeit zeigt sich auch bei denen, die sich allzu offen und freimütig über ihre sexuellen Praktiken auslassen. Wer sich lautstark für schrankenlosen Sex einsetzt, tut das wahrscheinlich in Reaktion auf seine Vergangenheit, in der er Sex als peinlich oder beschämend empfand. Solche Menschen versuchen verzweifelt, dem Schmerz dieser starken, negativen Emotion zu entgehen. Das kann auch für Homosexuelle gelten, die an öffentlichen Demonstrationen für die „Rechte der Schwulen" teilnehmen. Ein solcher Demonstrant glaubt, wenn er nur andere davon überzeugen kann, daß Homosexualität akzeptabel sei, dann könne seine Scham beseitigt werden. Doch öffentliche Akzeptanz kann die eigene Scham nicht völlig beseitigen; nur die tiefe Erfahrung der Liebe und Vergebung Gottes kann einen Menschen von dieser Fessel befreien.

Allerdings kann Scham durch Annahme gelindert werden. Die Gefühle der Unzulänglichkeit, die Sie empfinden, hängen damit zusammen, welche Bestätigung Sie von anderen bekommen. Wenn Sie als Kind Ablehnung erfahren haben, kann Scham zu einer wesentlichen Motivation für alles werden, was Sie tun oder lassen. Wir alle brauchen in unserer Kindheit Annahme und Bestätigung, um als Erwachsene das Gefühl zu haben, daß wir etwas wert sind. Gesunde innere Überzeugungen über uns selbst und andere erlauben es uns, uns von unserem Gewissen statt von unserer emotionalen Bedürftigkeit leiten zu lassen, und halten uns davon ab, uns selbst oder andere zu verletzen.

Die nächsten Schritte

Scham sitzt an der Wurzel einer belastenden familiären Hinterlassenschaft, und kodependentes oder zwanghaftes Sexualverhalten ist die Folge. Um geheilt zu werden, müssen wir die schamauslösenden Ereignisse unseres Lebens aufdecken. Das heißt, daß sowohl das schändliche Verhalten anderer uns gegenüber als auch unsere eigenen schändlichen Verhaltensweisen in das Licht der Heilung und Gnade Gottes gestellt werden müssen.

„Aber ich kann nicht zu Gott gehen und ihn bitten, mir zu helfen. Ich habe schon zu oft versagt. Ich werde mit meiner Sucht nicht fertig. Vielleicht schaffe ich es niemals, damit aufzuhören. Ich käme mir vor wie ein Heuchler."

Das waren Ryans verzweifelte Worte der Hoffnungslosigkeit, als ich ihn darauf ansprach, daß er Gott brauche. So empfinden viele Menschen, die in dem Teufelskreis zwanghaften Verhaltens gefangen sind.

Auch die Opfer des sexuellen Fehlverhaltens anderer können sich Gott gegenüber hoffnungslos und unwürdig fühlen. Sandy, ein Inzestopfer, glaubt nicht daran, daß Gott ihr je vergeben kann, obwohl sie den Geschlechtsverkehr mit ihrem Vater weder gewünscht noch initiiert hat. Wegen der Dinge, die geschehen sind, und besonders deswegen, weil es dabei auch etwas gegeben hat, das ihr gefiel, fühlt sie sich schmutzig und glaubt nicht, daß sie Gottes Fürsorge und Liebe verdient hat.

Schuld- und Schamgefühle sind ein heikles Gebiet, auf dem man sich nicht leicht zurechtfindet. Um sie zu durchdringen, müssen Sie die Ereignisse der Vergangenheit in zwei Kategorien unterteilen: die Taten, die gegen Sie begangen wurden und für die Sie nicht verantwortlich sind; und die Dinge, die Sie getan haben und an denen Sie selbst die Schuld tragen. Sich auf diesem Gebiet allein zurechtzufinden, ist sehr schwierig, weil die Schuld- und Schamgefühle so stark sind, daß sie Verleugnung, Verwirrung und übertriebene Reaktionen hervorrufen können.

Wenn Schuld- oder Schamgefühle zu den belastenden Dingen gehören, die Ihnen Ihre Familie hinterlassen hat, dann brauchen Sie wahrscheinlich die Hilfe eines anderen, um diese Gefühle und Ereignisse aufzuarbeiten. Oft ist dies das einzige Mittel, um sich davor zu bewahren, sich selbst zu betrügen und in der Scham und Niederlage steckenzubleiben.

Ihr erster Schritt bestand also darin, die Scham zu erkennen.

Der nächste Schritt ist, um Hilfe zu bitten.

Das erfordert Mut, denn wahrscheinlich sträubt sich alles in Ihnen dagegen, die Schamgefühle von neuem zu durchleben, indem Sie einem anderen davon erzählen, aber es gibt keinen anderen Weg. Sie müssen bereit sein, der Scham ins Gesicht zu sehen, um geheilt zu werden. Suchen Sie sich einen vertrauenswürdigen und kompetenten Menschen, der etwas von Scham versteht und auch Jesus kennt – denjenigen, der uns unsere Scham von den Schultern nimmt. Eine geistliche Erweckung in Christus verschafft uns die Erfahrung der Liebe Gottes, die eine wirksame Heilsalbe gegen den tiefen inneren Schmerz der Scham ist. Viele Menschen werden durch ihre Furcht vor Gott von seiner Liebe ferngehalten. Aber Jesus wird zu Ihnen kommen, was Sie auch getan haben mögen oder was man Ihnen auch angetan haben mag. Er kann gebrochene Herzen heilen und die belastete Vergangenheit in Ordnung bringen. Wir müssen ihn nur bitten.

Sexuelle Familiengeschichte

Die folgenden Fragen beziehen sich auf die Einstellungen und Verhaltensweisen Ihrer Familie in bezug auf Sex. Indem Sie über diese Fragen nachdenken, werden Sie die frühen familiären Einflüsse, die Ihr eigenes Sexualverhalten geprägt haben, besser verstehen. Wenn Sie sich einer Antwort unsicher sind, versuchen Sie, so gut wie möglich zu raten. Wenn Sie eine Frage nicht beantworten können, kann das auch aufschlußreich sein. Achten Sie besonders auf Ihre Gefühle, während Sie sich mit jeder Frage befassen. Gefühle des Unbehagens oder der Angst weisen auf schambelastete Bereiche hin.

Falls Sie adoptiert wurden oder von jemand anderem als Ihren leiblichen Eltern erzogen wurden, ist es vielleicht ratsam, diese Fragen für beide Elternpaare zu beantworten.

1. Was sind Ihre frühesten sexuellen Erinnerungen?

2. Wann, wo und von wem sind Sie aufgeklärt worden?

3. Welche Einstellungen hatte Ihr Vater vorwiegend gegenüber den folgenden Punkten?
   (Antworten Sie jeweils mit einem oder zwei Worten.)

- ▷ vorehelicher Sex
- ▷ ehelicher Sex
- ▷ Masturbation
- ▷ Pornographie
- ▷ Ehebruch
- ▷ oraler Sex
- ▷ sexuelle Erfüllung
- ▷ Rolle des Mannes beim Sex
- ▷ Rolle der Frau beim Sex
- ▷ Wesen und Zweck der Sexualität
- ▷ der Penis eines Mannes
- ▷ Brüste, Schambereich, Gesäß einer Frau

4. Welche Einstellungen hatte Ihre Mutter vorwiegend gegenüber den folgenden Punkten?
(Antworten Sie jeweils mit einem oder zwei Worten.)

- ▷ vorehelicher Sex
- ▷ ehelicher Sex
- ▷ Masturbation
- ▷ Pornographie
- ▷ Ehebruch
- ▷ oraler Sex
- ▷ sexuelle Erfüllung
- ▷ Rolle des Mannes beim Sex
- ▷ Rolle der Frau beim Sex
- ▷ Wesen und Zweck der Sexualität
- ▷ der Penis eines Mannes
- ▷ Brüste, Schambereich, Gesäß einer Frau

5. Welche Einstellungen haben Sie gegenwärtig zu den folgenden Punkten?
(Antworten Sie jeweils mit einem oder zwei Worten.)

- ▷ vorehelicher Sex
- ▷ ehelicher Sex
- ▷ Masturbation
- ▷ Pornographie
- ▷ Ehebruch
- ▷ oraler Sex
- ▷ sexuelle Erfüllung
- ▷ Rolle des Mannes beim Sex
- ▷ Rolle der Frau beim Sex
- ▷ Wesen und Zweck der Sexualität
- ▷ der Penis eines Mannes
- ▷ Brüste, Schambereich, Gesäß einer Frau

6. Ähneln Ihre Einstellungen mehr denen Ihres Vaters oder mehr denen Ihrer Mutter?

7. Haben Sie je Ihre Eltern oder andere Personen beim sexuellen Vorspiel oder beim Sex beobachtet? Wenn ja, wie wirkte das auf Sie?

8. An welche Urteile oder Vorsätze bezüglich Sex, Sexualität, Männer, Frauen usw. erinnern Sie sich, die Sie unter dem Einfluß Ihrer Eltern gefällt bzw. geleistet haben?

9. Welche der folgenden Verhaltensweisen kamen in der Familie Ihres Vaters oder Ihrer Mutter vor? Nennen Sie den Namen der Person.

▷ Ehebruch
▷ Masturbation
▷ Homosexualität
▷ Vorehelicher Sex
▷ Inzest
▷ Vergewaltigung

▷ Kindesbelästigung
▷ Sodomie
▷ Petting vor der Ehe
▷ grobe oder obszöne sexuelle Scherze
▷ Lüsternheit

10. Hat irgendeine andere Person oder ein Familienangehöriger einen Einfluß auf die Entfaltung Ihrer sexuellen Einstellungen und Vorlieben gehabt? Wenn ja, wer und wie?

Die Familie in Nahaufnahme: Elternschaft, Partnerschaft oder Gleichgültigkeit?

Carol nahm die Plastikfiguren und plazierte ihren Mann in einiger Entfernung von sich selbst, ihren jüngsten Sohn mit abgewandter Blickrichtung daneben, ihren abwesenden Sohn direkt neben sich selbst und schließlich ihre Tochter neben ihren Mann. Ich bat sie, auch ihrem Ex-Mann einen Platz in dieser Familien-Skulptur zuzuweisen. Sie setzte ihn sofort neben ihren jüngsten Sohn.

Die Tränen kamen, noch bevor sie zurücktrat, um ihre Familie zu betrachten. Sie sah ganz und gar nicht so aus, wie sie es sich gewünscht hatte. Mehr als alles andere wünschte sie sich, daß ihre Familie – das Kostbarste, das es in ihrem Leben gab – glücklich, liebevoll und vereint wäre. Doch die Skulptur offenbarte die enttäuschende Wahrheit. Sie hatte Eheprobleme mit ihrem Mann, ihr Ex-Mann war immer noch ein Problem, und ihre Kinder entfernten sich immer weiter von ihr. Der älteste Sohn, der sie wirklich verstand, hatte geheiratet und war in einen anderen Staat gezogen. Die Familie brach auseinander.

Carols Tränen schienen nie wieder versiegen zu wollen. Sie betrauerte das Scheitern ihres Traumes von einer eng zusammenhaltenden Familie – einer Familie, in der alle miteinander auskamen, niemand sich ausgeschlossen fühlte und jeder für den anderen einstand, einer Familie, die jedes Problem überwinden könnte. Wir beide lernten an diesem Tag, daß der Traum von einer perfekten Familie manchmal verhindern kann, daß man eine gesunde Familie hat.

An Carols Sehnsucht nach engem Zusammenhalt war

nichts falsch; das Problem lag darin, wie dieser Zusammenhalt ihrer Meinung nach verwirklicht werden sollte.

Lassen Sie uns jetzt einen Blick werfen auf das Bedürfnis nach engem Zusammenhalt, auf das, was passiert, wenn Familien zu eng zusammenkleben, und auf das, was passiert, wenn sie sich nicht nahe genug stehen.

Zusammenhalt ist eine entscheidende Frage für jede Familie. Von dem Augenblick an, da Sie geboren wurden, haben Sie gelernt, mit Nähe und Distanz innerhalb Ihrer Familie umzugehen. Als Neugeborenes waren Sie ganz und gar von Ihrer Mutter abhängig. Untersuchungen haben sogar gezeigt: gesunde neugeborene Kinder stehen ihrer Mutter so nahe, daß sie nicht einmal wissen, daß sie ein eigenständiges Wesen sind. Als Sie dann in Ihre erste Trotzphase kamen und zu allem nein sagten, fingen Sie an, Ihren erwachenden Sinn für Eigenständigkeit zu zeigen.

Je größer Sie wurden, desto mehr Unabhängigkeit brauchten Sie. Gesunde Elternschaft erfordert enge und liebevolle Bindungen in den ersten Lebensjahren und fortschreitendes Loslassen und Bestätigen in den späteren Jahren. Wie gut Mutter und Vater diesen Übergang bewältigen, ist entscheidend dafür, wie das erwachsene Kind in seinen Beziehungen mit Nähe und Distanz umgehen wird. Viele Beziehungsprobleme Erwachsener, insbesondere sexuelle Probleme, verraten die Hinterlassenschaft eines mißlungenen Zusammenhaltes in der Familie.

Kodependente und zwanghafte sexuelle Verhaltensmuster spiegeln eine ungesunde Familienkohäsion wider. *Kohäsion* ist der Fachausdruck für den Familienzusammenhalt. Er bezieht sich auf die emotionalen Bindungen, die Mitglieder einer Familie zueinander empfinden. Wenn die Mitglieder einer Familie eng miteinander verbunden sind, liegt eine starke Kohäsion und Intimität vor. Wenn diese Bindungen fehlen, gibt es nur wenig Kohäsion und Intimität, und die Mitglieder der Familie sind einander entfremdet.

Wir alle haben das Bedürfnis, in eng verbundenen, intimen Beziehungen zu leben, doch manchmal kann diese Nähe auch ungesund sein, besonders dann, wenn sie uns dazu bringt, unsere Verantwortung für uns selbst und andere zu vernachlässigen. Wo das geschieht, ist es zu einer Verstrickung gekommen.

Familiäre Verstrickung

Familien, die zu eng miteinander verbunden sind, werden als verstrickt bezeichnet – sie hängen zu sehr aneinander und behindern die gesunde Eigenständigkeit ihrer Mitglieder. Dies war zum Teil das Problem in Carols Familie. Carols Sohn war in der schwierigen Zeit ihrer Scheidung und als alleinerziehende Mutter ihre Stütze gewesen. Er war immer da, um ihr zuzuhören und sie zu ermutigen, und durch diese emotionale Intimität war er zu ihrem Liebling geworden. Als für ihn die Zeit zu heiraten gekommen war, fiel es beiden sehr schwer, sich voneinander zu trennen. Wenn Mitglieder einer Familie miteinander verstrickt sind, behindert das die Intimität und Bindung an andere.

Für das Mädchen, das er heiratete, bedeutete diese Verstrickung, daß sie mit Carol um seine Anerkennung, Zuneigung und Aufmerksamkeit wetteifern mußte. Weil die intime Kommunikation zwischen den verstrickten Familienmitgliedern leichter fließt als zwischen dem verheirateten Paar, zog Carols Sohn seine Mutter seiner Frau vor. Als sein Beruf es notwendig machte, daß er umzog, verbesserte sich die Ehe von Carols Sohn schlagartig. Doch dieses Glück haben nicht alle Ehepartner.

Verstrickung ruft bei dem ausgeschlossenen Ehepartner oft kodependentes Verhalten hervor. Sie kann dazu führen, daß sie oder er stärker zu lieben, zu sorgen und zu geben versucht, um die nötige Liebe zu empfangen. Die Verstrickung kann auch verstärkte Anpassung oder Kontrolle bei dem ausgeschlossenen Ehepartner hervorrufen. In beiden Fällen verhindert die verstrickte Beziehung die intime Bindung und Einheit, die für eine Ehe notwendig ist, und leider wird sie so auch oft zur Ursache von ehelichen Konflikten und Scheidungen.

Auch der sexuelle Ausdruck wird durch Verstrickung stark beeinflußt. Ein Sohn oder eine Tochter, der oder die an ein Elternteil zu intim gebunden war, ist anfällig für zwanghaften oder kodependenten Sex. Die ungesunde Nähe behindert die Entwicklung von Grenzen und schafft ein unersättliches Bedürfnis nach Intimität – ein Bedürfnis, das zunehmend die Kontrolle an sich reißt.

Verstrickte Söhne

Ryan ist ein Beispiel für einen verstrickten Sohn. Seine Beziehung zu seiner Mutter war so eng, daß seine Mutter ihn sensualisierte. Wie ich im ersten Kapitel bereits sagte, ist Sensualisierung die vorzeitige Erregung der sexuellen oder sinnlichen Empfindungen eines Menschen; sie ist die Sensibilisierung eines Menschen für seine eigene Sexualität oder die eines anderen, bevor er reif genug ist, mit diesem Bereich fertig zu werden.

Ryan wurde von seiner Mutter häufig in ihr Schlafzimmer gebeten, damit sie sich unterhielten, während sie sich ankleidete. Er konnte sich noch lebhaft an ihre nackten Brüste und ihren nur teilweise bekleideten Körper erinnern. Sie redete auch freimütig über „die Blumen und die Bienen" – zu freimütig. Abgesehen von dieser sexuellen Intimität wurde Ryan von seiner Mutter auch durch eine unangemessene emotionale Intimität geschädigt. Sie schüttete ihm ihr Herz aus, spendete ihm ständig Anerkennung und Aufmerksamkeit, sagte ihm, wieviel er ihr bedeutete; kurz, sie behandelte ihn eher wie einen Ehemann denn wie einen Sohn. Diese ungewöhnlich enge Beziehung verleitete Ryan dazu, seine Mutter auf einen Sockel zu stellen und sie zum Dreh- und Angelpunkt seines Lebens zu machen. Da sein größtes Verlangen war, ihr zu gefallen, verschrieb sich Ryan ganz und gar dem Ziel, ihre Träume auszuleben – und entwickelte nie ein Gespür dafür, was seine eigenen Träume waren.

Da der gesunde Übergang von der Abhängigkeit zur Eigenständigkeit nicht stattfand, brauchte Ryan mit zweiundzwanzig Jahren immer noch die ständige Bestätigung, Aufmerksamkeit und Führung einer Frau, um sich wohl zu fühlen. Um dieses Bedürfnis zu befriedigen, strebte er nach Intimität auf sexuellem und emotionalem Gebiet und suchte sich Frauen aus, die ihn schnell nahe an sich heranließen. Seine Einsamkeit wich, wenn er Geschlechtsverkehr hatte, masturbierte oder Prostituierte aufsuchte, aber diese angenehmen Gefühle waren stets nur flüchtig. Um sie festzuhalten, steigerte Ryan seine Aktivität, was schließlich dazu führte, daß er sexbesessen wurde. Ryan war in einem Teufelskreis gefangen; er strebte zwanghaft nach Sex und war auf dem besten Weg, sexsüchtig zu werden.

Verstrickte Töchter

In der weiblichen Version der Verstrickung wird die Tochter oft zur Vertrauten des Vaters oder der Mutter und bekommt deren emotionale Lasten aufgetragen. Wenn sie dann ihre ersten Beziehungen zu Männern aufnimmt, besteht die Gefahr, daß dieses Muster sich auch hier fortsetzt und ein kodependentes Sexualverhalten fördert. Wahrscheinlich fühlt sie sich nur dann geborgen, wenn sie von jemandem genauso gebraucht wird, wie ihr Vater und ihre Mutter sie gebraucht haben. Sie fühlt sich hingezogen zu bedürftigen Männern, die sich auf ihre Bereitschaft stützen, ihnen ihre emotionale Last und Einsamkeit abzunehmen, und gibt ihnen Sex, um Liebe dafür zu bekommen. Sie neigt dazu, Männer zu bemuttern, keine Mühe um ihretwillen zu scheuen und den Löwenanteil der Verantwortung für das Gelingen der Beziehung auf sich zu nehmen. Auf diese Weise wird sie zu einem leichten Opfer für Männer, die Liebe geben, um Sex zu bekommen.

Wenn sie dann auch noch einen Mann wie Ryan heiratet, kann diese Beziehung zu einer starken Sucht werden. Ryan würde ihr mit seiner Bedürftigkeit die Gelegenheit zu sofortiger Intimität bieten, und sie würde reagieren, indem sie auf seine Bedürfnisse bereitwillig einginge und dabei in seiner Aufmerksamkeit und seiner Bereitschaft, ihr nahezukommen, schwelgte. Ryan hätte jedoch Schwierigkeiten, seine Intimität auf sie zu beschränken, und er würde wollen, daß sie ihn so bemuttert, wie es seine eigene Mutter tat – aber nur dann, wenn er selbst es will. Um ihn dazu zu bringen, ihr seine Aufmerksamkeit zu schenken, würde sie ihre Bemühungen, ihm zu gefallen, verdoppeln. Mit der Zeit würde das entweder dazu führen, daß sie immer mehr Kontrolle über ihn ausübte, oder umgekehrt dazu, daß sie immer mehr zu seiner Sklavin würde und ihm jeden Wunsch von den Augen abläse. In beiden Fällen wäre ihr gemeinsames Leben eine emotionale Berg-und-Tal-Bahn. Wenn sie Kinder hätten, würde sie vielleicht auch noch ihre emotionale Befriedigung bei ihnen suchen und auch sie verstricken.

Solange sie nicht beide erkennen, wie ihre Familien und ihre Vergangenheit auch heute noch ihr Verhalten bestimmen, werden sie ihr Leben lang in sexuellen und menschlichen Beziehungen ihre gestörten Verhaltensmuster wiederholen.

Emotionaler Inzest

Verstrickung ist gleichbedeutend mit emotionalem Inzest – dem Versuch eines Elternteils, Trost und Gemeinschaft zu finden, indem er sich auf ungesunde Weise eng mit einem Kind statt mit seinem Ehepartner zusammenschließt. Statt dem Kind ein echter Vater oder eine echte Mutter zu sein, geht der Erwachsene eine Partnerschaft mit dem Kind ein und verhält sich ihm gegenüber so, als ob sie auf der gleichen Ebene stünden. Ryans Mutter lebte mit ihm in einer Partnerschaft und machte ihn zu ihrem emotionalen Vertrauten. Diese intime Gemeinschaft stachelte sein sexuelles Verlangen an, wie es für Intimität nur natürlich ist, doch das Erwachen seines Verlangens, ohne Erfüllung zu finden, ließ das Bedürfnis nach Sex und Intimität noch größer werden und brachte ihm später als Erwachsener Probleme ein.

Obwohl er sich dessen nicht bewußt war, war Ryan durch die inzestuöse Liebe seiner Mutter emotional und sexuell verletzt worden. Obwohl sie ihn um seine Unschuld gebracht hatte, konnte er kaum glauben, daß ihre Liebe nicht gesund war. Das lag zum Teil an dem trügerischen „Lohn", den die Verstrickung normalerweise bietet. In Ryans Fall sah dieser Lohn so aus, daß er ständig Bestätigung von seiner Mutter bekam, und er genoß es wirklich, ihr Liebling zu sein. Er stellte sie auf einen Sockel, ohne zu erkennen, wie krankhaft sein Sonderstatus war.

Um Heilung zu finden und seine Unschuld wiederherzustellen, mußte Ryan nicht nur bereit sein zuzugeben, daß die Liebe seiner Mutter ungesund war, sondern auch den „Lohn" der Verstrickung erkennen und aufgeben. Nur auf diese Weise konnte er die schädlichen Auswirkungen des emotionalen Inzestes überwinden – die in vieler Hinsicht ebenso schwer zu überwinden sein können wie der Schaden, der durch körperlichen Inzest entsteht.

Körperlicher Inzest und Belästigung

Körperlicher Inzest und Belästigung verursachen extrem tiefe Wunden. Das Kind wird von denjenigen, von denen es eigentlich Schutz, Fürsorge und Vertrauenswürdigkeit erwartet, verraten und verletzt. Das gilt besonders dann, wenn die Belästigung von einem Elternteil, einem älteren Verwandten oder einer Autoritätsfigur begangen wird. Diese tiefe Verwundung stürzt das Kind in eine unermeßliche Verwirrung darüber, was normal oder abnormal ist, und sie hat tiefgreifende Auswirkungen auf die Einstellung des Kindes zu sich selbst, zum Sex, zur Liebe und zu Beziehungen. Die verheerenden Auswirkungen sind zahlreich, und sie können einen Menschen sein ganzes Leben lang quälen. Schauen wir uns die lange Liste an.

1. Beschädigtes Selbstwertgefühl und Selbstbild. Sexuell belästigte Kinder werden bis weit ins Erwachsenenalter hinein

Probleme mit dem Selbstwertgefühl haben, weil sie sich selbst die Schuld an den Sünden geben, die andere gegen sie begangen haben.

Kinder sind leicht zu beeindrucken; ihr inneres Wesen ist besonders empfindlich für Verformung und Verwundung. Darum glauben sie, was man ihnen sagt, und das ist der Grund, warum ihre Peiniger sie so oft bedrohen, herabsetzen und sogar beschuldigen. Bei den Kindern läßt das ein Gefühl zurück, böse und sündig, benutzt und beschmutzt zu sein. Sie fühlen sich der Liebe anderer oder gar der Liebe Gottes nicht würdig. Scham ist ihnen stets gegenwärtig: Sie haben das Gefühl, daß das Problem bei ihnen liegt, daß irgend etwas an ihnen grundfalsch ist. Warum hätte ihnen sonst auch so etwas passieren sollen?

2. Emotionale Probleme. Inzestopfer haben große Schwierigkeiten damit, ihr emotionales Leben in den Griff zu bekommen. In einem Augenblick können sie emotional tot oder apathisch sein und im nächsten in schäumende Wut ausbrechen. Viele erleben das Spaltungsphänomen, daß sie in der Lage sind, sich von sich selbst und allem, was ihnen widerfährt, zu „trennen". Dies ist der Überlebensmechanismus, den sie während des Mißbrauchs anwendeten, um dem Schmerz zu entgehen.

Chronische Depressionen, Stimmungsschwankungen, emotionale Taubheit, Angst und sogar Schlafstörungen können die Hinterlassenschaft des Inzestes sein. Durch jedes dieser Probleme macht sich unterschwellig die unverheilte Wunde bemerkbar. Und solange diese inzestuöse Wunde nicht vollkommen gereinigt ist, kann sie nicht ganz heilen.

3. Beziehungsprobleme. Opfer sexuellen Mißbrauchs kommen nur selten gut mit Beziehungen zurecht. Sie haben Schwierigkeiten damit, anderen zu vertrauen, und neigen oft dazu, sich emotional zurückzuziehen oder loszulösen, wenn sie mit dem Bedürfnis nach Intimität konfrontiert werden. Sie können auch sehr zur Kodependenz neigen und alles tun, was die andere Person wünscht oder verlangt, ohne an sich selbst und ihre gesunden Interessen zu denken.

Manchmal wirken sie offen und kontaktfreudig, aber das kann täuschen. Viele bleiben innerlich verschlossen und wollen ihre innersten Gedanken und Gefühle mit niemandem teilen. Vor allem wollen sie nicht verwundbar sein. Mißbrauchte Personen wollen nicht von neuem verwundet werden – sie können nicht einmal das Risiko eingehen. Die Angst davor, verwundbar zu sein, verleitet sie zu Reaktionen, die jede Intimität und echte Einheit in der Ehe verhindern.

4. Sexuelle Probleme. Wie sich denken läßt, ist Sex für solche Menschen ein Bereich tiefer Verwirrung und großer Schwierigkeiten. Opfer sexuellen Mißbrauchs können extrem zur Promiskuität neigen, weil sie Sex mit Liebe verwechseln. Obwohl sie sexuell aktiv sind, haben sie vielleicht keinen Spaß an der Sexualität. Sie haben wenig Achtung vor ihrem Körper und haben nicht das Gefühl, daß ihre Sexualität ihr Eigentum ist – ihre Körper gehören jedem, der sie haben will.

Sex kann für sie auch mit starken Schuld- und Schamgefühlen befrachtet sein, die sie daran hindern, sich jemals die Freiheit zu nehmen, Sex zu genießen. Ihre Überzeugung wird sein: „Wenn der Sex damals so falsch war, wie könnte er jemals richtig sein?" Wenn es während ihres inzestuösen Mißbrauchs Momente gab, in denen sie angenehme Empfindungen hatten, wird die Scham darüber sie verfolgen, und sie werden einen Widerwillen dagegen verspüren, je wieder solche angenehmen Empfindungen zuzulassen. Sie haben Angst, das könnte ihre Befürchtung untermauern, sie hätten den Mißbrauch selbst verschuldet.

5. Körperliche Probleme. Sexueller Inzest und Mißbrauch sind für Kinder körperlich und emotional schmerzhaft. Im späteren Leben werden sie schon beim Erwähnen des Wortes Sex an Schmerz denken. Vaginismus (Scheidenkrämpfe) und Dypareunie (Schmerzen beim Geschlechtsverkehr) sind häufige Folgen. Kopfschmerzen, Muskelschmerzen oder andere unangenehme Erscheinungen können als psychosomatische Manifestationen des unaufgelösten emotionalen und körperlichen Schmerzes auftreten. Es ist, als läge der Schmerz im Körper des Opfers verborgen und suchte sich einen Weg ins Freie. Emotionaler Inzest, körperlicher Inzest und sexueller Mißbrauch sind starker Tobak. Sie alle haben ihre Wurzel in dem Vorhandensein einer ungesunden Verstrickung. Jedes Anzeichen von Verstrickung sollte für eine Familie ein Warnsignal sein, daß irgend etwas äußerst Wichtiges vernachlässigt wurde. Und dieses Etwas ist normalerweise eine gestörte Ehe – eine Ehe, in der intime Verbindung und Eigenständigkeit nicht funktionieren. Wenn diese Probleme nicht korrigiert werden, bekommen zukünftige Generationen die Folgen zu spüren.

Das Ende der Verstrickung

Wenn Sie in einer emotional verstrickten Beziehung stehen, dann ist es noch nicht zu spät, das zu ändern. Allein durch die Erkenntnis haben Sie schon die halbe Schlacht gewonnen. Der nächste Schritt ist Ehrlichkeit gegenüber sich selbst und der anderen Person. Indem Sie den „Lohn" aufgeben, den Sie aus der Beziehung gewonnen haben, werden Sie die Kraft schöpfen, der anderen Person ehrlich gegenüberzutreten und Ihre Freiheit zu gewinnen.

Falls Sie selbst der Initiator der Verstrickung sind, so ist eine Wiedergutmachung notwendig. Sind Sie das Opfer, so müssen Sie der Kontrolle der anderen widerstehen. In beiden Fällen werden Sie die Kraft Gottes brauchen. Er hat verheißen, für all Ihre Bedürfnisse zu sorgen, wenn Sie sich ihm anvertrauen. Sie werden niemals in der Lage sein, sie alle selbst zu befriedigen. Doch wenn Sie Ihre Bedürfnisse nicht an Gott abgeben, dann werden Sie von ihnen beherrscht werden. Sie werden ständig versuchen, Menschen, Orte und Dinge Ihren Bedürfnissen anzupassen. Vielen Menschen war das folgende Gebet eine Hilfe dabei, loszulassen und Gott heranzulassen:

Lieber Jesus,
ich habe erkannt, daß ich Liebe, Fürsorge, ...
.... und .... brauche. Alles, was
ich getan habe, um diese Bedürfnisse zu befriedigen, hat
nicht funktioniert. Deshalb biete ich dir an, die Herrschaft
darüber zu übernehmen. Bitte erfülle du sie nach deinem
Willen und schenke mir Frieden. Wenn ich die Herrschaft
wieder an mich reißen will, dann erinnere mich bitte an
meine Unfähigkeit und an deine Fülle. Lehre mich, Herr, dir
zu vertrauen. Amen.

Wenn Sie unter einer emotional verstrickten Beziehung gelitten haben, werden Ihnen die genannten Schritte eine Hilfe
sein. Sehr hilfreich wird es auch sein, wenn Sie sich jemanden
suchen, mit dem Sie über diesen ganzen Bereich reden und
beten können. Da Verstrickung eine sehr tiefgreifende Verbindung in Seele und Geist sein kann, ist vielleicht ein geistli-
ches Befreiungsgebet notwendig. Zu diesem Vorgang gehört
es auch, daß Sie den anderen alles vergeben, was sie Ihnen
wissentlich oder unwissentlich angetan haben. Denken Sie
aber daran, daß es keine wirkliche Vergebung geben kann,
bevor das Vergehen gegen Sie vollkommen ans Licht gebracht worden ist. Das bedeutet, daß Sie die Verletzung und
den Zorn, die die inzestuöse Beziehung in Ihnen hervorgeru-
fen hat, emotional erleben müssen, bevor Sie bereit sein können zu vergeben. Vergebung leugnet nicht die Wirklichkeit,
sondern sie verzichtet auf die Strafe für schädliches, falsches
Handeln.

Außerdem wird es notwendig sein, daß Sie den Richtlinien
für eine Heilung schmerzlicher Erinnerungen folgen, die in
den folgenden Kapiteln enthalten sind. Ihre größte Herausforderung dabei ist es vielleicht, den Mut zu finden, fortdau-
ernd nach der Heilung zu streben, die Gott so freigiebig anbietet. Obwohl die Heilung schon vorhanden ist, muß man
den Weg, der zu ihr führt, finden und gehen. Geben Sie nicht
auf, geben Sie nicht nach. Wenn Sie nicht nachlassen, werden
Sie die Früchte Ihrer Reise ernten!

Familiäre Entfremdung

Am der Verstrickung gegenüberliegenden Ende der Skala steht die Entfremdung – der Mangel an Verbundenheit, der zwischen Familienmitgliedern auftreten kann. Jede Familie braucht ein gewisses Maß an Entfremdung, damit die Kinder unabhängige, verantwortliche Erwachsene werden können, die nicht mehr die Stützen des Elternhauses brauchen, um ihren Weg zu gehen. Zuviel Entfremdung jedoch kommt einer emotionalen Vernachlässigung gleich. Sie erzeugt beim Kind das Gefühl, unerwünscht zu sein, so daß es sich ungeliebt oder nicht liebenswert oder beides fühlt. Als Erwachsene neigen solche Menschen dazu, entweder Bindungen zu Menschen zu scheuen, die Gemeinsamkeiten mit dem fernstehenden Elternteil haben, oder umgekehrt gerade bei solchen Menschen die Verbundenheit und Liebe zu erhaschen, die sie vermissen. Die Entfremdung läßt ein Kind bedürftig und unvorbereitet für gesunde Beziehungen zurück. Und so führt Entfremdung ebenso wie Verstrickung zu kodependentem und zwanghaftem Sexualverhalten.

Anns Verstrickung mit ihrer Mutter stand die Entfremdung von ihrem Vater gegenüber. Wenn ein Elternteil mit einem Kind verstrickt ist, ist der andere normalerweise entfremdet. In Anns Fall führte die mangelnde Verbundenheit mit ihrem Vater zu einem gesteigerten Bedürfnis, Männern nahe zu sein. Sie brauchte ihre Liebe, Aufmerksamkeit und Zuneigung, um das zu ersetzen, was ihr bei ihrem Vater fehlte. Leider war das Ergebnis kodependentes Sexualverhalten.

Sie gab Sex, um Liebe zu bekommen, obwohl sie den Sex niemals voll genießen konnte. Für sie war er nur ein Mittel zum Zweck, um zu erreichen, daß ein Mann sie gern hatte. Außerdem hatte sie Angst davor, von dem Mann zurückgewiesen zu werden, wenn sie ihm keinen Sex gab, und da sie diese Entfremdung fürchtete, verdoppelte sie ihre Anstrengungen, ihm Sex zu geben und zu gefallen, wann immer er desinteressiert oder abwesend wirkte. Ihre Beziehungen gerieten so stets in ein einseitiges Muster: Sie gab, er nahm. Äußerlich betrachtet, sah es so aus, als ob sie den jeweiligen Mann mehr liebte als umgekehrt, aber im Grunde liebte sie ihn nur, um geliebt zu werden. In ihr schrie ein verwundetes Herz nach der Liebe, die sie nie empfangen hatte.

Auch Ryans Verstrickung mit seiner Mutter wurde genährt durch den Mangel an Verbundenheit mit seinem Vater, der sich ihm gegenüber kritisch und abweisend verhielt. Das Verhalten seines Vaters hielt ihn von einem gesunden Umgang mit Männern ab und führte dazu, daß er Frauen um so stärker brauchte. Es hatte auch zur Folge, daß er weniger vollständig in sich selbst war. Wenn Söhne keine Bindung zu ihren Vätern haben, dann wird bei ihnen der Prozeß der Identifizierung als Mann behindert. Wie man ein Mann ist, lernt ein Sohn zum großen Teil dadurch, daß er seinen Vater imitiert. Wenn die Verbundenheit fehlt, findet diese Nachahmung nicht statt, und der Sohn bleibt mit einer tiefen Unsicherheit über seine Männlichkeit zurück. Ryan versuchte, seine Männlichkeit in der sexuellen Hingabe einer Frau zu finden. Die Entfremdung von seinem Vater förderte Ryans Neigung zu zwanghaftem Sexualverhalten.

Verstrickung mit oder Entfremdung von dem einen oder anderen Elternteil kann kodependente oder zwanghafte sexuelle Verhaltensweisen begünstigen. Ryans Bruder war süchtig nach Pornographie, Masturbation und Prostituierten. Sein Verlangen nach diesen Verhaltensweisen beherrschte sein Leben, kostete ihn Tausende von Dollars und brachte ihm die Scham eines geheimen Doppellebens ein. Beinahe wäre auch seine Ehe daran kaputtgegangen, als seine Frau sich bei ihm mit einer Geschlechtskrankheit ansteckte.

Ryans Bruder hatte keinem seiner Eltern sehr nahegestanden. Mutter hatte Ryan und Vater hatte seine Arbeit. So wurde Ryans Bruder zum Außenseiter in der Familie. Sein Mangel an Verbundenheit erzeugte in ihm ein Bedürfnis, Trost und Zuwendung bei anderen zu suchen, die keine Bedrohung für ihn darstellten.

Prostitution, Schwelgen in sexuellen Phantasien und

zwanghafte Masturbation waren seine sicheren Lösungen. Doch in seinen Süchten zeigten sich nicht nur unbefriedigte Bedürfnisse, sondern auch ungelöster Zorn. Er wurde von Eifersucht auf Ryan verzehrt. Und infolgedessen wurde er zornig und eifersüchtig, wenn er seine Sexualität auslebte. Eine der Prostituierten, die er häufig aufsuchte, weigerte sich schließlich, ihn zu bedienen, weil er zu grob mit ihr umging. Auch seine Frau klagte über seine zornige Art.

Die meisten wie Ryans Bruder entfremdeten Menschen brauchen eine emotionale Heilung und müssen neue Verhaltensweisen erlernen. Die durch frühere Ablehnung entstandenen Wunden müssen aufgelöst werden, ebenso wie Angst, Zorn und Eifersucht.

Auch Rechenschaft ist ein Erfordernis der Heilung. Da es ihnen schwerfällt, Bindungen einzugehen, sind entfremdete Menschen Einzelgänger. Aber sie müssen neu lernen, mit anderen Menschen umzugehen. Ryans Bruder mußte lernen, seine Gefühle, seine Gedanken und seine Sicht des Lebens anderen mitzuteilen. Indem er das tat, konnte er allmählich die Intimität und Anteilnahme erfahren, die er so dringend brauchte. Entfremdete Menschen brauchen Begegnungen mit einzelnen und kleinen Gruppen, in denen sie Intimität und Anteilnahme erleben können. Und ebenso brauchen sie die Erfahrung der tiefen Liebe eines Gottes, der sich an sie gebunden hat.

Ryans Bruder war ein einsamer, entfremdeter und zorniger Mann. Er hätte leicht zu einem Menschen werden können, der Frauen vergewaltigt oder Kinder belästigt. Der Zorn und die Eifersucht, die ungelöst in ihm steckten, hatten eine tiefgreifende Auswirkung darauf, wie er sich selbst und die Sexualität betrachtete. Seine Art von Sex brachte keine wahre Erfüllung, genausowenig wie die seines Bruders. Für beide war Sex zu einer schädlichen und sie selbst und andere verletzenden Sache geworden. Wo Sex verletzend wird, da geht Unschuld verloren, weil Grenzen überschritten werden. Beides muß wiederhergestellt werden.

Erinnern Sie sich
an Ihre erste Liebe?

Normalerweise erinnert sich jeder, den ich danach frage, an seine erste Liebe. Die erste Liebe ist eine unvergeßliche Einführung in die Welt der Beziehungen. Die Erinnerung an sie ruft nostalgische Reminiszenzen an Schulfeten, Klassenfahrten und Sportfeste herauf ... erste Küsse, besondere Lieder oder romantische Spaziergänge. Ebenso kann sie auch traurige Empfindungen und Reue über vergessen Geglaubtes auslösen. Obwohl die erste Liebe selten Bestand hat, hinterläßt sie doch unauslöschliche Prägungen.

Unter einer Prägung verstehe ich hier die Hinterlassenschaft, die von einer Beziehung zurückbleibt. Prägungen von unserer ersten Liebe befestigen oft die kodependenten und zwanghaften sexuellen Neigungen, die ihren Ursprung in unserer Familie haben. Das liegt daran, daß die Macht der ersten Liebe gesunde oder ungesunde Verhaltensweisen gegenüber Angehörigen des anderen Geschlechts in Gang setzt, die unsere Reaktionen in zukünftigen Beziehungen diktieren werden. Der Schlüssel zur sexuellen Erfüllung kann darin bestehen, daß Sie das Wesen solcher Prägungen verstehen und erkennen, welche Prägungen Sie mitbekommen haben. Sowohl Eva als auch Ryan war durch die ersten Liebesbeziehungen tiefgreifend beeinflußt worden. Für beide lag die Heilung darin, sich dieser Prägung zu stellen und daran zu arbeiten, ihre Macht zu brechen.

Die Prägephase

Die Aufzucht von Entenküken ohne ihre Mutter hat uns eine Menge darüber gelehrt, wie Tiere, ebenso wie Menschen, ihre Verhaltensmuster entwickeln. Wenn die Mutterente unmittelbar vor dem Schlüpfen der Küken entfernt und durch ein anderes Tier ersetzt wird, werden die Küken den Ersatz für ihre Mutter halten. Sie werden sich eng an das Ersatztier anschließen und anfangen, es nachzuahmen. Ist das Ersatztier ebenfalls eine Ente, so werden die Küken ein Verhalten entwickeln, das für eine Ente angemessen ist. Ist die Ersatzmutter jedoch eine Katze oder eine Hündin, so werden die Enten niemals lernen, richtig zu quaken oder zu watscheln. Sie werden ihr Verhalten an dem der Hündin oder Katze statt an dem ihrer natürlichen Mutter ausrichten. Das werden wahrhaftig seltsame Enten sein!

Solche Experimente haben zu der Entdeckung geführt, daß der Entwicklung von Enten und anderen Tieren gewisse Zeitpläne zugrunde liegen, nach denen sie sich bestimmte Verhaltensweisen aneignen und sie verfeinern. Jede Tierart hat ihre eigene entscheidende Entwicklungsphase, um sich ein bestimmtes Verhaltensmuster einzuprägen oder anzueignen. Bei Enten beginnt dieser Zeitplan kurz nach dem Schlüpfen und dauert nur ein paar Stunden. Wen immer die Küken in dieser Zeitspanne nachahmen und an wen sie sich binden, von dem wird ihr ganzes Leben lang ihr Verhalten bestimmt sein. Man fand auch heraus, daß diese bestimmte Gruppe von Verhaltensweisen vor oder nach dieser entscheidenden Phase nicht mehr ohne weiteres zu erlernen war.

Dieser Vorgang der Aneignung von Verhaltensmustern wird als *Prägephase* bezeichnet. Die Enten sind von den Erfahrungen geprägt, die sie in dieser Phase gemacht haben. Auch bei Menschen gibt es solche Zeitpläne für die Entwicklung, während denen sich bestimmte Züge oder Merkmale einprägen. Was man während dieser formenden Jahre erlebt, legt die Grundlage für das zukünftige Verhalten.

Dieses Entwicklungsprinzip hat eine Menge mit sexuellen

Entscheidungen zu tun. Die ersten sexuellen Erfahrungen und die erste Liebe prägen dem Menschen bestimmte charakteristische Verhaltensweisen ein. An wen, wann und wie Sie sich zum ersten Mal banden, kann eine dramatische Auswirkung auf Ihr heutiges Liebesleben haben. Die Erfahrung der ersten Liebe hat einen gewaltigen Einfluß auf die Ausbildung der inneren Einstellung zur Sexualität. Was wir uns selbst über die andere Person, über uns selbst und über das Erlebnis sagen, wird den Zeiger auf der Skala unserer Einstellung in die positive oder negative Richtung wandern lassen.

Die meisten sexuell verletzten Menschen hatten schmerzliche Erlebnisse mit ihrer ersten Liebe, die sie falsch prägten und ihnen eine schlechte Grundlage für ihre zukünftige Sexualität und Liebe mitgaben. Wenn sie ihre Prägung erkennen und die alten Erinnerungen ans Licht bringen, um sie zu heilen, können sie mehr sexuelle Erfüllung erleben. Wenn ich Ihnen nun die verschiedenartigen charakteristischen Prägungen vorstelle, versuchen Sie, Ihre eigenen zu entdecken. Wenn dann die Erinnerungen wiederkommen und Sie zu verstehen beginnen, schreiben Sie sie nieder. Die Schritte in dem Kapitel „Den Oberflächenproblemen an die Wurzel gehen" werden Ihnen zeigen, wie Sie mit diesen Erinnerungen umgehen können.

Falls die Erinnerungen besonders überwältigend sind, nehmen Sie sich die Zeit, die Schritte in dem Kapitel „Die Heilung der schmerzhaften Erinnerungen" anzuwenden. Nur als Ermutigung: Ich habe schon dramatische Heilungen bei Menschen erlebt, die mutig genug waren, sich ihren Erinnerungen und damit ihrer Vergangenheit zu stellen.

Wann hatten Sie Ihre erste sexuelle Erfahrung?

Ich erinnere mich nur an zwei Menschen, die ich wegen sexueller Schwierigkeiten beraten habe und die ihren ersten Geschlechtsverkehr nach der Hochzeit mit ihrem Ehepartner hatten. Die vielen Hundert anderen hatten ihre ersten sexuellen Erlebnisse vor der Ehe als Teenager oder sogar noch früher, indem sie belästigt oder schon als Kleinkinder Opfer von Inzest wurden. Sexuelle Erlebnisse in der Kindheit erzeugen eine tiefe Verwirrung. Kleine Kinder wissen nicht, was sie davon halten sollen, und sie sind mit Sicherheit noch nicht alt genug, um mit Sex fertig zu werden. Ihre Prägung wird von Verwirrung und Konflikten gekennzeichnet sein, und sie wird sie bis auf den heutigen Tag beeinflussen. Wer so etwas erlebt hat, muß diese Erfahrungen genau unter die Lupe nehmen. Er muß Gott im Gebet bitten, ihm zu zeigen, wie diese Erfahrung den Betreffenden beeinflußt hat, und ihm die Kraft zu geben, sie zu überwinden.

Die meisten Erlebnisse erster Liebe finden jedoch während der beeinflußbaren Jugendjahre statt – in einer entscheidenden Entwicklungsphase für das Sexualverhalten. Wenn die Prägung negativ ausfällt, weil man falsch mit Intimität umgeht, dann sind Probleme mit dem Sex für die kommenden Jahre vorprogrammiert.

Die erste Jugendliebe ist mit Höhen und Tiefen, Ängsten, Phantasien und Experimenten befrachtet. In dieser Zeit fangen die Jungen an, sich für Mädchen zu interessieren, und die Mädchen sind froh, daß das so ist. Es ist eine Zeit, in der ausprobiert wird, wie Beziehungen zwischen den Geschlechtern funktionieren. Dieses Ausprobieren ist gesund – solange jedermann dabei gesunde Regeln einhält.

Verliebte Jugendliche sind selten schon reif genug, um die volle Verantwortung für ihr eigenes Verhalten und seine Folgen für das Leben des anderen zu übernehmen. Gesunde Beziehungen dagegen erfordern, daß wir die volle Verantwortung dafür übernehmen, wie sich unser Handeln auf den anderen auswirkt. Eine Jugendliebe ist mehr ein Liebe-Spielen als eine voll entfaltete Fähigkeit zu lieben. Die Verpflichtung fehlt, und die Beziehung ist normalerweise von Gefühlen bestimmt. Wenn sich in dieses Ausprobieren von Beziehungen auch noch der Sex einschleicht, führt das selten zu etwas Gutem.

Die daraus folgenden Einstellungen und Verhaltensweisen sind oft ungesund und erzeugen falsche innere Einstellungen und selbstzerstörerische innere Versprechungen bezüglich Sex, Liebe und Beziehungen. Das ungesunde Erlebnis legt die Grundlage für ein kodependentes oder zwanghaftes Sexualverhalten. Die Heilung erfordert, daß wir unsere Erfahrungen während dieser entscheidenden Jahre erneut unter die Lupe nehmen.

Wer war Ihre erste Liebe, und wie wurden Sie behandelt?

Im zweiten Kapitel habe ich erzählt, wie aufdringlich und selbstsüchtig sich Evas Liebhaber verhielt. Er gab ihr die Aufmerksamkeit, die sie brauchte; aber er forderte als Gegenleistung einen hohen Preis von ihr. Er drang in sie ein, ohne sich darum zu kümmern, wie sich das emotional oder geistlich auf sie auswirken könnte. Die daraus folgende negative Prägung war so verheerend, daß sie zu einem Selbstmordversuch führte. Das Erlebnis machte es für Eva nahezu unmöglich, Sex als schön, Männer als vertrauenswürdig und sich selbst als wertvoll zu betrachten. Hätte keine Heilung stattgefunden, so hätte diese schädliche Prägung zu gehemmtem sexuellem Empfinden, Promiskuität oder kodependentem Sexualverhalten führen können. Da Sex ihr von Anfang an keine intime Liebe oder Freude zu bieten schien, hätte sie auf den Gedanken kommen können, er sei nur für Männer da, nicht für sie. Sie würde Sex geben, um Liebe zu bekommen, und niemals wirklich die Bereicherung empfangen, die die Sexualität für sie bedeuten könnte. Statt gemeinsam erlebter, bedeutsamer Intimität wäre Sex für sie nur ein Mittel zum Zweck, um sich die Liebe zu verschaffen, die sie brauchte.

Ryans erste Liebe wurde nie zu seiner ersten Geliebten. Damit meine ich, daß sie zwar gegenseitig ihr sexuelles Verlangen anstachelten, indem sie sich oft lange streichelten und berührten, aber nie bis zum Ende gingen. Das erzeugte bei Ryan eine laszive Prägung. *Laszivität* ist die Anregung des natürlichen sexuellen Verlangens bis hin zur Begierde oder Besessenheit. Da sein Verlangen geschürt wurde, ohne daß es zur Vollendung kam, wurde seine Gier nach Sex noch stärker. Als sie ihn dann zurückwies und sich einem anderen Mann sexuell hingab, hinterließ das bei Ryan eine tiefe Wunde. Die daraus resultierende Prägung beeinflußte ihn dahingehend, daß er Liebe gab, um Sex zu bekommen, um so die Lösung zu erleben, um die er betrogen worden war. Diese sexuellen und emotionalen Prägungen führten dazu, daß Ryan eine abnorm starke sexuelle Begierde empfand. Ryan wurde sexbesessen, und das verleitete ihn zu gewohnheitsmäßiger Masturbation, Ehebruch, Pornographie und zwanghaftem Sex.

Um die Wirkung Ihres Erlebnisses der ersten Liebe einzuschätzen, wird es hilfreich sein, eine Schilderung der ersten sexuellen Begegnung(en) niederzuschreiben, an die Sie sich erinnern. Legen Sie dabei die folgenden Fragen zugrunde:

1. *Haben Sie sich auf Ihre erste sexuelle Begegnung freudig und bereitwillig eingelassen, oder wurden Sie dazu genötigt?* Viele Frauen erleben ihren ersten Geschlechtsverkehr unter Einfluß von Alkohol oder Drogen mit Partnern, die sie dazu nötigten oder ihre angreifbare Lage ausnutzten.

2. *Wurden Sie als Kind von einem Fremden oder jemandem, den Sie kannten und dem Sie vertrauten, belästigt?* Auch wenn Sie so jemanden nicht als Ihren ersten „Liebhaber" ansehen würden, ist es notwendig, nach der Prägung zu fragen, die dieses Erlebnis bei Ihnen hinterlassen hat. Das gleiche gilt für sexuelle Experimente in der Kindheit mit anderen Kindern.

3. *Hat er oder sie wirklich Rücksicht auf Ihre sexuellen Wünsche und Grenzen genommen?* Beachtung der Grenzen ist entscheidend für die sexuelle Erfüllung.

4. *Gab Ihnen Ihr erster Liebhaber ein Gefühl der Unzulänglichkeit, der Scham, des Zorns, der Schuld oder der Angst?*

5. *Hat er oder sie Sie dazu genötigt, auf eine Weise zu experimentieren, die Ihnen unangenehm war oder Sie beschämte?* Oraler und analer Verkehr sowie Sex an öffentlichen Orten können verletzend sein.

6. *Hat Ihr erster Liebhaber sein Herz mit Ihnen geteilt oder nur seinen Körper?* Sexuelle Erfüllung erfordert, daß man beides miteinander teilt.
7. *War Ihr erster Liebhaber vor, während und nach jeder Begegnung geduldig, freundlich und liebevoll?* Oder ging alles hastig vor sich und war mehr eine Angelegenheit der Begierde als der Liebe?
8. *Wies Ihr erster Liebhaber Sie jemals zurück oder verletzte Sie tief?*
9. *War Ihr erster Liebhaber der Richtige für eine Ehe?*

Wie eng waren Sie mit Ihrer ersten Liebe verbunden?

Die Bindung oder emotionale Verbundenheit beeinflußt die Prägung. Je enger Sie an die Person gebunden waren, desto stärker ist die Prägung. Ryan war bis über beide Ohren verliebt in seine Jugendliebe. Er ging bereitwillig auf ihren Wunsch ein, Sex vor der Ehe zu vermeiden, weil er sie so sehr liebte. Dadurch traf ihn später ihre Ablehnung mit um so größerer Wucht. Hätte ihm nicht soviel an ihr gelegen, wäre auch die Prägung nicht so tiefgreifend gewesen.

Eine der Gefahren einer ersten Liebe ist die Intensität, die sie entwickeln kann. Die Liebenden können innerhalb relativ kurzer Zeit völlig voneinander vereinnahmt sein und sich schnell und intim aneinander binden, wodurch ein starker prägender Einfluß im Leben beider entsteht. Es ist nicht ratsam, sich so eng an jemanden zu binden, solange Sie ihn oder sie noch nicht gut genug kennen, um im Hinblick auf die Folgen zuversichtlich sein zu können. Fehlgeleitete Intimität verursacht Wunden und Störungen. Vorsicht, Jugendliche und junge Liebende! Wer sich zu leicht und zu schnell bindet, steht in Gefahr zu scheitern.

Eine gesunde Bindung ist ein Prozeß, der mit der Zeit wachsen muß, und das kann Monate und vielleicht sogar Jahre dauern. Ein Theologe schrieb einmal: „Die Leute sollen sich nicht verlieben und dann heiraten, sie sollen heiraten und dann lernen, sich zu lieben." Tiefe Intimität und Bindung sollen nach der Hochzeit wachsen, nicht davor. Vor der Ehe sollen wir die Möglichkeiten der Beziehung erforschen, indem wir einander kennenlernen, ohne unseren Körper, unsere Seele oder unseren Geist völlig hinzugeben. Nur die Verpflichtung einer Ehe kann einer solchen Hingabe den nötigen Schutz geben. Leider sind bei den gegenwärtigen Freundschaftspraktiken für viele junge Leute die Verletzungen schon vorprogrammiert. Innerhalb von Wochen binden sie sich sexuell oder emotional so stark, daß das „Schlußmachen" schon fast dem Auseinanderbrechen einer Ehe gleichkommt, weil die Bindung bereits so tief war.

Eine derartige sofortige Intimität ist eher ein Zeichen dafür, daß es sich hier um zwei verzweifelte und verletzte Menschen handelt, als für eine „im Himmel geschlossene Ehe". Jeder von beiden lechzt nach dem intimen Kontakt und offenbart so sein eigenes tiefes, unbefriedigtes Bedürfnis nach Liebe. Menschen, die sich sofort eng aneinander anschließen, sind anfällig für die Intimität mit jedem, weil ihr Liebeshunger sie zu einer leichten Beute für jeden macht, der sich Sex verschaffen will, indem er Liebe gibt. Sobald sich diese Anfälligkeit eingeprägt hat, wiederholt sich das Muster automatisch. Es führt leicht zu Promiskuität und kodependentem oder zwanghaftem Sexualverhalten. Das ist ein überzeugendes Argument für eine gemächlichere Einstellung zu Jugendfreundschaften.

Es ist jedoch wichtig, sich klarzumachen, daß die Unfähigkeit, nach angemessener Zeit eine Bindung einzugehen, ebenfalls ein ungesundes Zeichen ist. Es kann bedeuten, daß ein Mensch aufgrund eines familiären Hintergrundes, in dem ungesundes Bindungsverhalten begünstigt wurde, hemmende Ängste vor einer Bindung hat. Das Kapitel „Die Familie in Nahaufnahme: Elternschaft, Partnerschaft oder Gleichgültigkeit?" bietet wertvolle Einsichten in das Bindungsverhalten innerhalb der Familien, durch das der Boden für die späteren Prägungen der ersten Liebe vorbereitet wird. Die hemmenden Ängste können auch durch alte Wunden aufgrund von Belästigung und Mißbrauch entstanden sein.

Da Kinder solche Erinnerungen oft unterdrücken, sind sie sich über die Ursache ihrer Ängste vielleicht gar nicht im klaren. Indem Sie untersuchen, wie eng und wie schnell Sie sich an Ihre erste Liebe gebunden haben, können Sie lernen, sich selbst besser zu verstehen. Hatten Sie Angst vor der Nähe? Oder lechzten Sie nach den angenehmen Gefühlen, die Ihnen die Intimität verschaffte? War es vielleicht eine ambivalente Situation, in der Sie zwar nach der Intimität verlangten, aber gleichzeitig auch Angst davor hatten?

Indem Sie alle diese Fragen beantworten, können Sie entdecken, wie Ihre Einstellung sich ausgebildet hat. Dieses Wissen ist der erste Schritt zu Veränderung und Heilung.

Das Problem mit guten Prägungen

Es gibt einen verbreiteten, wenn auch oft nicht erkannten Aspekt der Prägephase, der sich in späteren Jahren auf die sexuelle Erfüllung auswirkt. Dies ist die Schwierigkeit, die guten Erinnerungen loszulassen, die man mit den Prägungen der Vergangenheit verbindet. Diese Lektion lernte ich, als ich eine junge Ehefrau namens Jenny beriet. Sie klagte über Unzufriedenheit mit ihrem Liebesleben. Tom hatte nicht so oft Verlangen nach Sex wie sie, und wenn sie sich liebten, hatte er nach dreißig Minuten genug, während sie eine ganze Stunde wollte. Tom hatte Freude am Sex, aber er konnte sie nie zufriedenstellen. Also fragte ich sie, was sie eigentlich von Tom wollte.

„Ich wünsche mir, es wäre so wie damals mit Joey."

„Wer ist Joey?" fragte ich.

„Das ist der Mann, mit dem ich anderthalb Jahre lang zusammen war, bevor ich Tom kennenlernte."

„Was für ein Liebesleben hatten Sie beide?"

Sie errötete leicht bei dieser Frage, doch dann antwortete sie: „Ich möchte nicht, daß Sie jetzt ganz schlecht von mir denken oder so; ich war nämlich noch kein Christ, als ich mit ihm zusammen war. Aber wir liebten uns jeden Tag für eine oder zwei Stunden. Es war herrlich. Ich hatte noch nie einen Orgasmus gehabt, bevor ich Joey kennenlernte. Er ließ mich den Sex genießen wie noch nie zuvor in meinem Leben. Darum stört es mich, wenn Tom nur zweimal in der Woche Sex möchte. Ich frage mich, ob er mich wirklich mag. Außerdem werde ich richtig kribbelig, wenn ich so lange warten muß.“

Jenny hatte ein Problem mit zu vielen „guten Erinnerungen“ und einer übertriebenen sexuellen Vergangenheit. Sie und Joey hatten Sex zu der wichtigsten Sache in ihrer Beziehung gemacht. Sie beide freuten sich den ganzen Tag über auf den Abend, wenn sie miteinander schlafen konnten. Diese Prägung des Super-Sex hatte eine falsche Erwartung gegenüber dem Sex in der Ehe hinterlassen, und am Ende verglich Jenny Toms Leistung mit der von Joey, und dabei fiel Tom durch. Sie wollte zuviel Sex aus den falschen Gründen.

Kodependente und zwanghafte Prägungen

Als ich Tom kennenlernte, erkannte ich, daß er nicht an einem schwerwiegenden Mangel an sexuellem Verlangen litt. Doch er fing allmählich an, ihr Sex zu geben, um ihrem Zorn zu entgehen, wobei ihm das Ergebnis selten Freude machte. Er ging zunehmend später ins Bett, um der Möglichkeit des Sex zu entgehen, oder schlief gar beim Fernsehen auf dem Sofa ein. Das machte sie nur noch zorniger, was ihn wiederum veranlaßte, um des lieben Friedens willen ihren sexuellen Ansprüchen nachzugeben. Ihr zwanghafter Druck auf Sex führte bei ihm zu einem kodependenten Sexualverhalten.

Das ist das übliche Szenario, wenn einer der Partner mehr Sex will als der andere. Derjenige, der mehr Verlangen nach Sex hat, übt Druck auf den anderen aus, dem nachzugeben. Und derjenige, der weniger Verlagen hat, reagiert auf diesen Druck durch kodependentes Verhalten. Jeder der beiden trägt zu dieser aufsteigenden Spirale der Unzufriedenheit bei. Um dieses selbstzerstörerische Muster zu durchbrechen, müssen beide ihren Beitrag erkennen und darüber nachdenken, wie er mit ihrer ersten Prägung zusammenhängen könnte.

Tom war noch unberührt, als er Jenny heiratete. Zuerst begrüßte er ihr sexuelles Verlangen, weil es ihm das Gefühl gab, geliebt und begehrt zu sein. Er interpretierte ihr tiefes Bedürfnis als echte Liebe. Doch als es sich allmählich in Druck umwandelte und sie unzufrieden wurde, wurde er verwirrt und unsicher und begann, an seiner sexuellen Leistungsfähigkeit zu zweifeln. Er glaubte sogar insgeheim, daß irgend etwas mit ihm nicht stimmte. Da er in einer religiösen Familie aufgewachsen war, hatte er buchstäblich keinerlei Berührung mit Sex gehabt, bevor er Jenny kennenlernte; sie war seine erste Liebe und Geliebte. Hätte sie nicht soviel Druck auf ihn ausgeübt, so hätte sich seine Prägung positiv entwickelt.

Tom atmete auf, als die zwanghaften und kodependenten Verhaltensmuster aufgedeckt wurden. Er konnte seine erste Prägung verarbeiten und die Schuld- und Schamgefühle los werden, die er zu verspüren begann. Da sie beide schon so bald nach ihrer Hochzeit in die Beratung gekommen waren, war es leichter, mit den schädlichen Prägungen aufzuräumen und neue zu etablieren.

Sexuelle Partnerschaft ist eine empfindliche Anpassung zweier verschiedener Menschen aneinander. Wenn frühere sexuelle Erfahrungen besser waren als der gegenwärtige eheliche Sex, dann muß die frühere Prägung ausgemerzt werden. Im Idealfall sollten sich Sexualpartner gegenseitig prägen, statt von einem anderen geprägt zu werden. Wenn Ihre erste Prägung von jemand anderem als Ihrem Ehepartner stammt, dann entwickeln Sie sexuelle Verhaltensmuster, die auf diese Person abgestimmt sind, nicht auf Ihren zukünftigen Ehemann. Ich glaube, daß dies einer der wichtigsten Gründe für das monogame Sexualverhalten ist. Unzufriedenheit in der Ehe rührt oft von der Unfähigkeit beider Partner her, sich an den anderen anzupassen. Während der Entwicklungsphase, in der die erste sexuelle Erfahrung stattfindet, sind beide eher bereit und in der Lage, sich einander anzupassen, als in späteren Jahren, nachdem sie viele Erfahrungen und fremde Prägungen mitbekommen haben.

Masturbation und Pornographie

Ich glaube, die meisten Männer, seien sie verheiratet oder alleinstehend, sind süchtig nach Pornographie und Masturbation. Zudem begegnen mir mehr und mehr Frauen, die ebenfalls das Problem der Masturbation haben. Beide werden von ihren ersten Prägungen beherrscht.

Pornographie stachelt bei Männern das sexuelle Verlangen leicht an, weil sie sich an das Auge des Mannes wendet. Untersuchungen haben gezeigt, daß Männer sich im Hinblick auf Erregung und Reize von Frauen unterscheiden. Berührungen und Worte sind erregend für die meisten Frauen, während ein vorrangiger Kanal für die Erregung des Mannes das Auge ist.

Wenn Jungen sich aus Neugier pornographische Bilder anschauen, wird dadurch ihr sexuelles Verlangen geweckt, und es entsteht ein idealisiertes Bild davon, wie eine Sexualpartnerin aussehen sollte. Jeder Mensch entwickelt eine innere Vorstellung von seinem idealen Partner oder Sexualpartner. Die Schwierigkeit bei der Pornographie besteht jedoch darin, daß das so entstandene Bild unerreichbar ist. Die Frauen, die in pornographischen Magazinen abgelichtet werden, sind nicht die normalen Frauen, denen man im täglichen Leben begegnet. Außerdem werden die Fotos retuschiert, und die Posen sind nicht die natürlichen Posen, die im gesunden ehelichen Sex vorkommen.

Wenn Pornographie oder auf Pornographie basierende Phantasien durch die körperliche Erregung und Lösung durch Masturbation ergänzt werden, ergibt das eine Prägung, die den Betreffenden in der Zukunft daran hindern wird, Erfüllung zu finden. Ehelicher Sex kann auf keinen Fall mit der ungezügelten Leidenschaft von Phantasievorstellungen oder der gegenwärtigen pornographischen Flut konkurrieren. Außerdem zerstört die Depersonalisierung durch das pornographische Material das Potential für die emotionale Intimität. Und es ist diese emotionale Intimität, die dem Sex die tiefe Erfüllung verleiht, nicht allein das körperliche Vergnügen. Masturbation und Pornographie sind egozentrische Versuche, sexuelle Erfüllung zu finden, denen Intimität und eine gesunde Beziehung fehlen.

Um das zwanghafte Hängen an Pornographie und Masturbation zu heilen, bedarf es der Untersuchung der frühen Prägungen aus der Jugend. Die Tür zur Veränderung kann geöffnet werden, wenn die hinter diesem Verhalten stehenden Kernüberzeugungen identifiziert werden. Notwendig ist auch die Bereitschaft, damit aufzuhören, das falsche Bild, das entstanden ist, zu verstärken; statt dessen muß der gegenwärtige Partner zum Ideal menschlicher sexueller Liebe und Intimität werden.

Heilsame Prägungen

Die konkreten Schritte zur Veränderung einer Prägung werden in den Kapiteln „Den Oberflächenproblemen an die Wurzel gehen" und „Die Heilung der schmerzhaften Erinnerungen" umrissen. In beiden Kapiteln werden Sie sehen, daß die Erkenntnis der Prägung der erste Schritt ist. Wenn wir es nicht bewußt darauf anlegen, erinnern wir uns nicht so oft an unsere erste Liebe oder unser erstes sexuelles Erlebnis. Ich kann nicht genug Nachdruck auf die Möglichkeit der Veränderung legen, sofern man bereit ist, diese Erlebnisse im Licht neuer Informationen erneut unter die Lupe zu nehmen. Das wird Ihnen helfen, Ihre Einstellungen zu verändern und neue Wege zur Erfüllung zu entwickeln.

Ich habe bemerkt, daß manche Menschen sich mit dieser Art der Analyse sehr schnell zurechtfinden, während andere ihre Schwierigkeiten damit haben. Wenn es Ihnen schwerfällt, sich an Ihre Erlebnisse zu erinnern oder sie zu analysieren, dann beten Sie. Ihre Bereitschaft, Gott um Hilfe zu bitten, kann die Tür den ersten Spaltbreit öffnen, damit sie schließlich ganz aufgestoßen wird. Sprechen Sie auch mit anderen Menschen über das, was Sie entdecken. Es hilft, wenn wir uns selbst laut über das reden hören, was Gott uns offenbart. Vertrauen Sie Gott, daß er alles heilen wird, sofern Sie nur bereit sind, es ans Licht kommen zu lassen. Zur Wiederherstellung der Unschuld ist es notwendig, daß wir uns den alten Prägungen stellen, ihre Auswirkungen in unserem Leben ausmerzen und unsere Sexualität neu etablieren.

Verführt, betrogen
und verletzt

Die Stille im Publikum war so tief, daß man sie beinahe greifen konnte. Ich begann schon daran zu zweifeln, ob es wirklich eine so gute Idee gewesen war, vor hundertundfünfzig Frauen über die Dynamik von Verführung und Gewalt zu referieren. Eilends bat ich meine Zuhörerinnen, sich zu neigen, um zu beten und die Versammlung zu beenden. Im Gebet bat ich um Heilung für die verborgenen Wurzeln in der Vergangenheit, aus der sich diese gefährliche Dynamik nährte. Zu meiner Rechten ertönte ein leises Schluchzen, gefolgt von einem lauteren aus dem hinteren Bereich des Saales. Innerhalb von Sekunden war der ganze Raum von hörbarem Weinen erfüllt. Meine Augen wurden feucht, als ich den Schmerz spürte, den sie alle fühlten. Hinter jeder vergossenen Träne stand die Erkenntnis dessen, was ihnen selbst angetan worden war, und das Bewußtwerden der Folgen.

Ich bin zu der Überzeugung gekommen, daß jeder sowohl Opfer als auch Täter ist. Nur schlägt bei manchen das Pendel stärker in der einen oder der anderen Richtung aus. Eine sexuell geschädigte Frau, die ein Opfer der Belästigungen ihres Onkels war, wird wiederum den Mann, den sie heiratet, zum Opfer machen, indem er um das volle Potential sexuellen Erlebens, das Gott ihm zugedacht hat, betrogen wird. Ein zwanghafter Sexsüchtiger wird den Frauen in seinem Leben Schaden zufügen. Doch die Wurzeln seiner Zwanghaftigkeit liegen darin, daß er als Kind um die Liebe, die er brauchte, betrogen wurde. Und die Frauen, die er zu Opfern macht, werden den Kreislauf fortsetzen.

Dieser Teufelskreis von Opfer und Täter ist eine Tatsache, der wir nicht gern ins Gesicht sehen. Niemand möchte sich selbst gern als einen Täter sehen, der andere zu Opfern macht. Es ist viel leichter, uns als Opfer der Handlungen eines anderen zu betrachten, als uns unserem eigenen Beitrag zu stellen.

Es gibt auch Menschen, die nicht zugeben wollen, daß sie Opfer sind, geschweige denn eingestehen, daß sie andere verletzt haben. Sie wollen nicht, daß andere von ihren wahren Gefühlen wissen, und vielleicht wollen sie sie auch selbst gar nicht kennen.

Und schließlich gibt es Menschen, die sagen, sie seien zu Opfern geworden, und dabei steckenbleiben. Sie tragen das Etikett „Opfer" umher und fühlen sich nicht in der Lage, irgend etwas dagegen zu tun.

In diesem Kapitel möchte ich zu uns allen sprechen. Sexuelle Erfüllung hat sehr viel damit zu tun, was mit uns geschehen ist (wie wir zu Opfern wurden) und wie wir darauf reagiert haben (wie wir uns selbst und andere zu Opfern gemacht haben). Die Dynamik von Verführung, Schädigung und Betrug ist entscheidend für unser Verständnis unserer selbst und der Sexualität. Ich möchte auch Heilungsmöglichkeiten für die Wurzeln unserer Schädigung aufzeigen, für die Dinge in unserer Vergangenheit, die uns falsch geprägt haben. Um den maximalen Nutzen daraus zu ziehen, ist es notwendig, daß Sie rigoros ehrlich sind – ehrlich in bezug auf das, was andere Ihnen angetan haben, wie auch in bezug auf das, was Sie sich selbst und anderen angetan haben.

Verführung

Verführen heißt anziehen, bezaubern, verlocken oder bestricken.

In einer Beziehung ist Verführung eine Manipulation, die darauf ausgerichtet ist, Aufmerksamkeit, Zuneigung oder irgend etwas anderes zu bekommen, um ein Bedürfnis zu befriedigen. Sie kann bewußt oder unbewußt geschehen und subtil oder offen sein, sanft oder stark. Es gibt auch verschiedene Motive hinter Verführung. Überraschenderweise gehört Sex nicht zu den vorrangigen Motiven.

Unsere ganze Kultur beruht auf Verführungskunst. Das ist in so hohem Maße der Fall, daß wir es für selbstverständlich halten und gar nicht mehr erkennen, wie schädlich es sich auf unser Leben auswirkt. Die Fernsehwerbung ist darauf ausgerichtet, uns zu bezaubern, zu locken oder zu bestricken, damit wir ein bestimmtes Produkt kaufen. Plakate dienen dem gleichen Zweck. Jedes Plakat ist eine Manipulation, die sorgsam darauf berechnet ist, unsere Aufmerksamkeit anzuziehen. Das ist so verbreitet, daß wir die Verführung schon als normal hinnehmen. Wir akzeptieren sie als Mittel zum Zweck für alles vom Autokauf bis zum Aufbau einer Beziehung.

Nehmen Sie zum Beispiel Verabredungen zum Ausgehen. Jeder konzentriert sich darauf, seine Stärken zu unterstreichen und seine Schwächen zu verbergen, um die andere Person anzuziehen. Doch diese Methode birgt gewisse Gefahren.

In der Bibel werden die Frauen ermahnt, sich nicht zu sehr auf den äußeren Schmuck ihres Körpers zu konzentrieren, sondern eher auf die Qualitäten der inneren Schönheit (siehe 1. Petrus 3,3-4). Dieser Grundsatz hat auch den Männern eine Menge zu sagen. Warum? Nun, wenn Frauen oder Männer sich stärker auf ihre äußeren Qualitäten konzentrieren als auf ihre inneren, dann werden sie ihre Charakterentwicklung gefährden und sich in ihren Beziehungen verführerisch verhalten. Sie werden dazu neigen, andere mit Hilfe ihres Äußeren statt durch ihren Charakter anzuziehen und zu halten, was zu flachen Beziehungen führen kann, in denen das Gewicht auf sexueller Aktivität ohne emotionale Tiefe liegt.

Und leider führt Sex nicht zur Erfüllung, wenn man sich auf Kosten von Transparenz, Vertrauen, Integrität und Ehrlichkeit auf die äußeren Qualitäten konzentriert.

Wenn ich es einmal gehört habe, habe ich es tausendmal gehört. Es scheint die größte Klage jeder Ehefrau zu sein: „Ich wünschte, er würde mir mehr Aufmerksamkeit zuwenden, anstatt dauernd Sportsendungen zu sehen." Im allgemeinen lautet der nächste Satz: „Er zeigt nur dann Interesse an mir, wenn er mit mir schlafen will."

Leider trifft diese Klage für viele heutige Ehen genau ins Schwarze. Viele Männer reagieren nicht auf die Bedürfnisse ihrer Frauen. Noch tragischer ist es, wenn eine Frau sich von einem unaufmerksamen Ehemann scheiden läßt, nur um hinterher wieder einen von der gleichen Sorte zu heiraten, und sich dann wundert, was schiefgegangen ist.

Eine Frau in einer solchen Situation ahnt oft nicht, wie ihre eigene verführerische Art dazu beiträgt, daß sie zum Opfer wird. Im Grunde macht sie sich selbst zum Opfer.

Wenn eine Frau sich verführerisch kleidet und benimmt und alles tut, was sie kann, um die Aufmerksamkeit eines Mannes zu erlangen, appelliert sie an seine sinnliche Natur. Indem sie sich darauf konzentriert, Männer durch ihr Aussehen zu bestricken, wird sie immer solche Männer anziehen, die mehr auf Aussehen als auf Charakter aus sind. Ohne es zu ahnen, appelliert sie an die niederen Instinkte des Mannes, und er wird so reagieren, wie es ihrer Verführungskunst entspricht, weil er das haben will, was ihm das verführerische Verhalten verheißt. Damit ist die Grundlage dafür gelegt, daß er ihr Liebe gibt, um Sex zu bekommen.

Im Laufe der Beziehung wird sie sich betrogen fühlen, weil er ihr nur dann seine Liebe zuwendet, wenn er Sex will. Dann wird sie sich beschweren und sich als sein Opfer fühlen, ohne zu ahnen, daß sie zu dieser Schädigung durch ihre eigene verführerische Art beigetragen hat. Mit Verführung zieht eine Frau immer das an, was sie hinterher nicht will. Das führt zu einem kodependenten Sexualverhalten.

Ich möchte eine Reihe von Kennzeichen nennen, die auf verführerisches Verhalten bei einer Frau hinweisen. Lassen Sie
mich jedoch zuerst einen wichtigen Punkt erwähnen: Verführung ist eine Manipulation, die darauf ausgerichtet ist, ein
inneres Bedürfnis zu befriedigen. Sie hat mehr als nur eine
Ausdrucksform. Die „Anmacherin" mit den gewölbten Brü-
sten und den hautengen Hosen ist nur ein extremes Beispiel
für verführerisches Verhalten – es gibt noch viele Stufen un-
terhalb davon. Man muß nicht alle Züge aufweisen, um als
verführerisch zu gelten; doch wenn viele davon für Sie zutref-
fen, dann ist verführerisches Verhalten eine wichtige Facette
Ihres Lebens. Sehr aufschlußreich kann es übrigens sein,
wenn Sie sich auch von anderen einschätzen lassen.

▷ Sie zieht die Aufmerksamkeit der Männer auf sich, auch
  wenn ihr diese Aufmerksamkeit vielleicht bisweilen pein-
  lich ist.
▷ Sie will immer einen Mann einfangen, auch wenn sie nicht
  immer mit einem Mann leben will.
▷ Sie achtet sehr auf körperliche Erscheinung, und zwar auf
  eine oder mehrere der folgenden Arten:
  – Sie ist körperbewußt.
  – Sie interessiert sich sehr für Kleider.
  – Sie kleidet sich so, daß ihre Brüste, ihr Gesäß oder ihre
    Taille betont werden.
  – Sie muß immer modisch gekleidet sein.
  – Sie hat Angst davor zuzunehmen.
  – Sie setzt für die Schönheit ihre Gesundheit aufs Spiel.
  – Sie verwendet viel Zeit auf ihr Äußeres.
▷ Sie kleidet sich für Männer, oft im Wettkampf mit anderen
  Frauen.
▷ Sie kann ohne einen Mann in ihrem Leben nicht glücklich
  sein.
▷ Sie genießt die Gesellschaft von Frauen nicht so sehr wie
  die von Männern.

▷ Sie fühlt sich in Gegenwart von schönen oder verführerischen Frauen unsicher.
▷ Sie steht auf Männer, die
 – ihr Aufmerksamkeit geben;
 – ihr das Leben aufregend machen;
 – sie brauchen;
 – in den Augen anderer Frauen gut aussehen.
▷ Sie gibt Männern sehr viel Macht über ihr Leben, indem sie ständig ihre Anerkennung oder Annahme braucht.
▷ Sie ist seit jeher immer wieder an unzulängliche oder verantwortungslose Männer geraten.

Wenn Sie sich in einer Anzahl der hier aufgeführten Züge wiedererkennen, dann ist verführerisches Verhalten ein Problem in Ihrem Leben. Sie haben die falsche Vorstellung angenommen, daß Sie einen Mann bestricken müssen, damit er Sie liebt. Am Ende glauben Sie vielleicht, daß es Ihre Anziehungskraft sei, von der das Gelingen einer Beziehung abhängt, oder daß seine Achtlosigkeit ausschließlich dafür verantwortlich ist, daß sie nicht gelingt. Jede dieser Einstellungen ist ein Nährboden für Kodependenz, indem Sie aus völlig falschen Gründen zuviel geben. Auf diesem Boden gedeiht auch kodependentes Sexualverhalten, das schließlich dazu führen kann, daß Ihr Verlangen nachläßt, bis hin zum gehemmten sexuellen Verlangen.

Die folgenden Schritte sind notwendig, um die Verführung abzulegen. wenn Sie sie sorgfältig befolgen, wird die Veränderung nicht ausbleiben.

1. Geben Sie Ihr verführerisches Verhalten zu. Bekenntnis und Geständnis sind immer der erste Schritt zur Veränderung. Viele Frauen wollen sich nicht zu ihrem verführerischen Verhalten bekennen, weil sie fürchten, sie würden sich damit auf die gleiche Stufe stellen wie eine ordinäre Verführerin. Doch Ihre Schwäche muß Ihnen nicht peinlich sein. Sich verführerisch zu verhalten heißt noch nicht, daß Sie eine „Anmacherin" sind, sondern daß Sie eine chancenlose Methode anwenden, Ihre emotionalen Bedürfnisse zu befriedigen. Wenn Sie sich durch Verlegenheit und Scham von einem ehrlichen Eingeständnis abhalten lassen, werden Sie nicht frei werden. Denken Sie auch daran, daß Sie nur sich selbst ändern können, nicht Ihren Partner.

2. *Blicken Sie hinter Ihre verführerischen Verhaltensweisen, und finden Sie die Bedürfnisse, die Sie zu befriedigen versuchen, indem Sie sich verführerisch verhalten.* Die Wurzeln verführerischen Verhaltens liegen immer in unbefriedigten Bedürfnissen aus der Vergangenheit und einem zu schwachen Selbstwertgefühl. Diese Bedürfnisse nach Liebe, Akzeptanz, Aufmerksamkeit, Zuneigung, Geborgenheit oder Anerkennung bilden die Ursache des mangelnden Selbstwertgefühl, auf dem das verführerische und kodependente Verhalten beruht.

Im nächsten Abschnitt habe ich die typischen Wurzeln verführerischen Verhaltens beschrieben, Wurzeln, die aus unserer Kindheit stammen. Untersuchen Sie jede davon aufmerksam und unter Gebet. Sie können Ihnen den Schlüssel zur Freiheit in die Hand geben.

Wurzeln verführerischen Verhaltens bei Frauen

Verführerisches Verhalten ist eine Folge der Schädigungen, die einer Frau von anderen bewußt oder unbewußt zugefügt wurden. Das betrifft in erster Linie Ihre Eltern. Die meisten Eltern sind sehr liebevoll und fürsorglich, aber sie sind nicht vollkommen. Da alle Eltern Probleme in ihrem Leben haben, die ihre Fähigkeit, gute Eltern zu sein, beeinträchtigen, werden Familien immer unvollkommen und manchmal sogar gestört sein. Die natürliche Folge dieser Tatsache ist, daß ihre Kinder sich als Erwachsene mit einer unvollkommenen, manchmal schmerzhaften Hinterlassenschaft auseinandersetzen müssen. Diese Mängel an der Wurzel zu untersuchen soll keine Einladung sein, die Schuld zu verteilen, sondern ein Versuch, sich der Grundlagen Ihres Verhaltens bewußt zu werden und neue, gesunde Grundlagen zu legen.

Wenn Sie Tränen oder Ängste nahen spüren, weichen Sie ihnen nicht aus. Nehmen Sie sich Zeit und bitten Sie Jesus, Ihnen durch den Schmerz hindurchzuhelfen. Es kann hilfreich sein, diese Wurzeln gemeinsam mit einem Freund oder Lebensberater, dem Sie vertrauen, aufzuarbeiten. Auch Ihre Gedanken niederzuschreiben kann nützlich sein.

1. Der Vater war emotional oder körperlich abwesend. Wenn ein Vater keine enge Bindung zu seiner Tochter hat, verursacht dieser Mangel, daß ein natürliches Bedürfnis nach Anerkennung, Aufmerksamkeit oder Zuneigung unbefriedigt bleibt. Die Tochter versucht dann vielleicht, sich diese Bedürfnisse von anderen Männern befriedigen zu lassen.

2. Der Vater war mit seiner Tochter verstrickt oder zu eng verbunden. Wenn die Bindung zu eng ist und eher einer Partnerschaft als einer Eltern-Kind-Beziehung gleicht, wird sich die erwachsene Tochter unausgefüllt fühlen, solange ein anderer Mann nicht mit der gleichen Intimität die Stelle ihres Vaters einnimmt. Sie weiß nicht, wie sie sich selbst genug sein kann.

3. Der Vater förderte und verstärkte das verführerische Verhalten. Wenn der Vater allzu sehr auf Sex ausgerichtet war, kann es sein, daß er der sich entfaltenden Weiblichkeit seiner Tochter zuviel ungesunde Aufmerksamkeit zugewandt hat. Vielleicht galt seine Aufmerksamkeit nur ihren sexuellen und verführerischen Verhaltensweisen, was dazu führte, daß sie genau diese Verhaltensweisen einsetzte, um die Aufmerksamkeit anderer Männer zu erlangen.

4. Die Eltern waren unreif. Die Bedürfnisse des Kindes gerieten in Konflikt mit den Bedürfnissen der Eltern, und das Kind verlor. Die Eltern waren nicht fürsorglich und diszipliniert, sondern achtlos, nachlässig, zornig, ablehnend, ängstlich oder übermäßig behütend. Die Bedürfnisse der Tochter nach Liebe, Zuneigung und Aufmerksamkeit wurden nicht gesehen oder nicht befriedigt.

5. Die Mutter verhielt sich verführerisch. Die Tochter wurde von der Mutter geprägt, weil sie eine enge Bindung zu ihr hatte. Sie übernahm die Verhaltensweisen ihrer Mutter, ihre Art, für die Befriedigung ihrer Bedürfnisse zu sorgen. Sie ahmte das einzige Vorbild nach, das sie kannte.

6. Es gab Lieblingskinder in der Familie. Die Familie als Ganzes oder insbesondere der Vater schätzten Söhne höher ein als Töchter. Vielleicht wünschten die Eltern sich eigentlich einen Jungen, als sie geboren wurde. Oder vielleicht zogen Mutter und Vater ihr andere Mitglieder der Familie vor. Bevorzugungen aller Art erzeugen bei der Tochter ein Bedürfnis, sich die Anerkennung und Aufmerksamkeit eines Mannes zu verschaffen, um ihr Selbstwertgefühl zu stärken.

7. Frauen wurden niedrig eingeschätzt. Nicht nur, daß die Männer bevorzugt wurden, sondern Frauen wurden in ihrem Zuhause überhaupt nicht geschätzt oder für wertvoll erachtet. Vielleicht wurden Frauen nur insofern als wertvoll betrachtet, als sie einem Mann gefallen und dienen konnten. Oder es herrschten falsche Urteile über Männlichkeit und Weiblichkeit, zum Beispiel, daß Jungen intelligenter und Mädchen netter seien und daß Jungen für ihre Leistungen und Mädchen für ihre Schönheit geschätzt werden. Diese Herabsetzung führt dazu, daß die Tochter den Männern zu gefallen sucht, um ihre Anerkennung zu gewinnen.

8. Sie wurde körperlich oder sexuell mißbraucht. Die durch diesen Mißbrauch entstandene Wunde hat bei ihr tiefe Gefühle der Unzulänglichkeit, Scham und Verwirrung erzeugt. Tief in ihrem Inneren hat sie kein gutes Bild von sich selbst. Sie braucht Männer, die sie mögen und schätzen, damit sie sich selbst schätzen kann.

9. Ihr wurde das Gefühl eingetrichtert, schlecht, böse oder unannehmbar zu sein. Aus welchen Gründen auch immer wuchs sie mit dem Gefühl des „Nicht genug ..." auf. Diese tiefen Gefühle der Unzulänglichkeit, der Scham und des niedrigen Selbstwertes führen dazu, daß Sie Männer braucht, die ihr Anerkennung spenden, damit sie sich selbst als gut ansehen kann.

Es gibt noch so viele andere Wurzeln verführerischen Verhaltens, daß es unmöglich wäre, sie alle aufzulisten. Die genannten gehören jedoch zu den häufigsten. Wenn Sie sich in irgendeinem dieser Punkte wiederfinden, dann forschen Sie an dieser Stelle in die Tiefe, indem Sie herausfinden,

▷ was geschehen ist;
▷ wie das, was geschehen ist, auf Sie wirkte;
▷ welche Urteile sie innerlich über das, was geschehen ist, gefällt haben;
▷ welche Versprechen Sie sich innerlich gegeben haben;
▷ welches Bedürfnis durch dieses Ereignis unbefriedigt blieb, das jetzt die Grundlage für Ihr verführerisches Verhalten bildet.

Wenn Sie diese Fragen beantworten können, dann sind Sie in der Lage, die Ereignisse neu zu bewerten, die aussichtslosen Vorsätze, die Sie gefaßt haben, zu widerrufen, das Fehlverhalten anderer zu vergeben, Ihre Gefühle loszulassen und die unbefriedigten Bedürfnisse an Jesus abzugeben. Nur er kann für all Ihre Bedürfnisse sorgen. Wenn Sie versuchen, Ihre tiefen und schlummernden Bedürfnisse nach Liebe, Aufmerksamkeit und Zuneigung aus eigener Kraft durch andere zu befriedigen, dann gehen Sie das Risiko ein, ein verführerisches Verhalten anzunehmen und sich selbst zum Opfer zu machen. Indem Sie all das an Jesus abgeben und gesunde Wege zur Erfüllung suchen, werden Sie echten Frieden finden und der Falle, ein Opfer zu werden, entgehen können.

Verführerisches Verhalten bei Männern

Auch Männer können sich verführerisch verhalten. Ihre Art des Verhaltens entspricht dem der Frauen, nur daß es sich bei ihnen in Form von Kleidung, Bodybuilding und schnittigen Autos zeigt. All dies sind gezielte Versuche, Frauen zu bestricken und ihre Aufmerksamkeit zu erlangen. Doch ihr verführerisches Verhalten geht noch darüber hinaus. Untersuchungen haben gezeigt, daß Frauen stärker auf das ansprechen, was sie hören und fühlen, als auf das, was sie sehen. Dieser Umstand steckt dahinter, wenn Männer Frauen mit Worten zu umgarnen versuchen, nachdem sie ihre Aufmerksamkeit erst einmal erlangt haben.

Aber warum wollen Männer die Aufmerksamkeit von Frauen erregen, und was machen sie damit, wenn sie ihr Ziel erreicht haben? Ich glaube, die Dynamik des verführerischen Verhaltens ist bei einem Mann anders als bei einer Frau. Einer Frau geht es um die Bestätigung, die ihr ein Mann gibt, indem er Anstalten macht, ihr nachzustellen und um sie zu werben. Sie braucht seine unmittelbare Aufmerksamkeit, um sich bestätigt zu fühlen, und sie braucht sie so sehr, daß sie sogar bereit ist, mit ihm zu schlafen, um sie zu bekommen. Sie möchte, daß er sie ansieht, mit ihr spricht und ihr sagt, daß sie etwas ganz Besonderes ist. Die Worte bedeuten ihr alles.

Männer sind anders. Worte sind ihnen wichtig, aber Taten noch wichtiger. Eine Untersuchung brachte ans Licht, daß Männer selten glauben, was Frauen ihnen sagen. Sie halten die Worte der Frauen für wankelmütig und unzuverlässig. Die Taten der Frauen dagegen erwiesen sich als sehr wichtig. Als größter Vertrauensbeweis wurde die Bereitschaft einer Frau angesehen, sich dem Mann sexuell hinzugeben. Vielleicht ist das der wichtigste Unterschied in der Art und Weise, wie sich Männer und Frauen in einer Beziehung verhalten. *Männer wollen die Bestätigung einer Frau durch deren sexuelle Hingabe. Frauen wollen die Bestätigung eines Mannes durch dessen Aufmerksamkeit für sie.* Vielleicht ist das der

Grund, warum Männer Aufmerksamkeit geben, um Sex zu bekommen, und Frauen Sex geben, um Aufmerksamkeit zu bekommen.

Die Bibel ermahnt die Männer, ihre Frauen nicht in „schändlicher Begierde" zu besitzen, sondern in „Ehre und Heiligkeit". Ich glaube, diese Ermahnung spiegelt wider, was im Sexualverhalten der meisten Männer nicht stimmt. Männer wollen Frauen besitzen, um ihre sexuellen und emotionalen Bedürfnisse zu befriedigen. Nun, das Problem ist nicht das Bedürfnis, zu besitzen. Männer sind schon anatomisch darauf angelegt, eine Frau sexuell zu besitzen. Auch die Hingabe einer Frau ist ungemein bereichernd. Doch viele, wenn nicht gar die meisten, tun das auf eine begehrliche Weise, durch die Frauen entehrt werden. Damit meine ich eine Art, die eher einen lüsternen als einen liebevollen Ausdruck der Sexualität darstellt. Sex ist für Menschen nicht nur ein körperlicher Akt, der Vergnügen bringt, und er sollte es auch nicht sein. Solange die Sexualität nicht von dem Gesetz der Liebe beherrscht wird, das nach dem Besten für den geliebten Menschen trachtet, wird sie Grenzen verletzen und letzten Endes keine Erfüllung bringen. Sex wird so zu einer schmerzhaften Sache.

Die Bibel sagt auch, daß Männer „lernen" müssen, diese Mahnung zu befolgen. Sex ist für Menschen nicht etwas, das sie von Natur aus beherrschen. Er ist eine Sinfonie choreographierter Ausdrucksformen, die alle auf die beiden beteiligten Personen abgestimmt sind. Männer müssen lernen, wie sie ihr Verlangen mit dem Verlangen ihrer Partnerinnen ins Gleichgewicht bringen können, oder sie werden sowohl die Frauen als auch sich selbst zu Opfern machen.

Wenn das Verlangen, zu besitzen, nicht richtig beherrscht wird, verletzt es die Grenzen der anderen Person. Und wenn ihre Grenzen verletzt werden, dann wird die andere Person den Zugang beschränken – was bedeutet, daß sie entweder den Sex selbst oder die volle emotionale Hingabe beim Sex verweigern wird. Der Mann wird diese Hemmung spüren und oftmals seine Bemühungen, die Frau zu besitzen, verdoppeln. Wenn dann das Verlangen, zu besitzen, gestärkt ist, wird es der Neigung zu zwanghaftem Sex oder zur Sexsucht Vorschub leisten. Solches Sexualverhalten wird den Mann noch weiter verletzen und frustrieren. Er erkennt nicht, wie er sich durch seine übermäßige Begierde selbst zum Opfer macht.

Heilung für geschädigte und betrogene Männer

Ryans zwanghaftes Bedürfnis nach Sex entstand mit den Wunden, die er als Heranwachsender erlitt. Seine Mutter sensualisierte ihn, und seine erste Freundin gab sich einem anderen hin. Durch beide Ereignisse wurde er „betrogen". Wenn das sexuelle Besitzen vereitelt wird, fühlt der Betroffene sich betrogen. Der Mann fühlt sich um den Sex gebracht, den er ersehnt. Dieses Gefühl, betrogen worden zu sein, verstärkt das Verlangen, das zu besitzen, was ihm vorenthalten wurde. Und wenn dann noch Pornographie und Masturbation in die Gleichung eingefügt werden, dann wird das Verlangen noch weiter angeheizt, bis er schließlich unvermeidlicherweise von neuem „betrogen" wird, weil sein Verlangen Ausmaße angenommen hat, die keine Frau mehr durch ihre Hingabe erfüllen kann.

Heilung für geschädigte oder betrogene Männer mit ihrer daraus folgenden sexuellen Zwanghaftigkeit erfordert, daß wir uns in vier Bereichen ehrlich prüfen.

1. Erinnern Sie sich an die Ereignisse, durch die Sie sich betrogen fühlten. Dazu können auch Vorfälle gehören, bei denen Sie gar kein Recht auf Sex mit einer Person hatten, aber sie fühlten sich trotzdem darum betrogen. Konzentrieren Sie sich besonders auf Ihre ersten Erinnerungen an Ihre Mutter, Ihre Schwestern und Ihre Freundinnen. Auch eine Frau, die sich Ihnen teilweise nackt zeigte, auf eine Weise, die Ihr Verlangen anstachelte, kann ein solches Gefühl des Betrogenseins auslösen. Denken Sie auch an Frauen, die Sie mit ihrer Sinnlichkeit oder ihrem verführerischen Verhalten geneckt haben.

Schließen Sie auch solche Gelegenheiten ein, bei denen Sie eine Frau zwar berühren und fühlen durften, aber ohne daß sich Ihre sexuelle Erregung entladen konnte.

2. Versuchen Sie, sich zu vergegenwärtigen, wie Sie diese Vorfälle empfanden. Waren Sie verletzt, verlegen, zornig oder ängstlich? Zur Heilung ist es notwendig, daß Sie diese Gefühle noch einmal durchleben. Wenn Sie Schwierigkeiten haben, die Gefühle zu identifizieren, lassen Sie sich von jemandem helfen. Wenn Sie mit einem sachkundigen Freund oder Lebensberater laut über diese Dinge sprechen, werden sich die Gefühle mit der Zeit einstellen.

3. Untersuchen Sie, inwieweit Sie Ihr Gefühl des Betrogenseins durch Pornographie, Masturbation oder andere Mittel noch verstärkt haben. Haben Sie sich sexuellen Phantasien überlassen und Ihr Verlangen, zu besitzen, noch weiter genährt und verstärkt? Oder haben Sie durch Fenster gelugt, Frauen unter den Rock geschaut oder ständig versucht, ihnen in die Bluse zu starren? All das kann Ihre Begierde dramatisch verstärkt haben.

4. Gehen Sie zu Jesus. Bitten Sie ihn, die emotionale Prägung und den Schmerz des Betrogenseins zu heilen. Vergeben Sie denen, von denen Sie sich betrogen fühlen, ob sie es nun wissentlich oder unwissentlich getan haben. Bitten Sie auch um Vergebung für Ihr eigenes Verhalten, durch das Sie das Problem verschlimmert haben. Befehlen Sie ihm die Wunden an, die Sie erlitten haben, indem Sie sich selbst zum Opfer machten, und bitten Sie ihn, Sie von Ihrer übermäßigen Begierde zu heilen und Ihre Unschuld wiederherzustellen.

Die Wurzeln des verführerischen Verhaltens, der Schädigung und des Gefühls, betrogen worden zu sein, reichen tief. Es sind Wunden aus der Vergangenheit, die als schmerzliche Erinnerungen aufbewahrt werden. Lassen Sie mich noch einmal auf das Kapitel „Die Heilung der schmerzhaften Erinnerungen" hinweisen; auch dort werden Sie hilfreiche Ratschläge finden.

Opfer machen andere und sich selbst zu Opfern, wenn sie nicht geheilt werden. Mit den Tätern ist es ebenso. Beide sind durch die ungeheilten Wunden ihrer Vergangenheit und dadurch, daß sie selbst ihre Probleme noch verschlimmert haben, zu Opfern geworden. Die Wiederherstellung der Unschuld wird durch die Bereitschaft ermöglicht, sich selbst und Gott ehrlich ins Gesicht zu sehen.

Den Oberflächenproblemen an die Wurzel gehen

Es gibt viele Wege zur Heilung. Was den einen weiterbringt, muß dem anderen noch nicht helfen. Das ergibt sich schon daraus, daß jede Person und jedes Problem einmalig ist. Selbst wenn zwei Menschen das gleiche Problem haben, kann es für sie einen unterschiedlich schweren Kampf bedeuten, damit fertig zu werden. Probleme können von unterschiedlicher Hartnäckigkeit sein, und wir alle haben unterschiedliche Fähigkeiten.

Doch worin unsere sexuelle Schwierigkeit auch immer bestehen mag, die Wege zur Heilung müssen alle durch dieselbe Landschaft führen. Der Satz „Gott hat viele Methoden, aber nur wenige Grundsätze" gilt besonders für die Lösung sexueller Probleme. Die Grundsätze der Veränderung wandeln sich nicht. Es gibt bestimmte Kernprobleme, die hinter allen sexuellen Schwierigkeiten stecken, ob Sie nun gehemmt oder süchtig sind oder mißbraucht wurden, ob Ihr Problem schwer oder leicht ist. Es gibt auch ganz bestimmte Dinge, die man tun muß, um geheilt zu werden. Wie wir schon gesagt haben, sind Bekenntnis und Geständnis der erste Schritt zur Heilung.

Bekenntnis und Geständnis

Das Bekenntnis besteht darin, offen zuzugeben, daß es ein Problem gibt. Das Geständnis besteht darin, persönlich einzugestehen, daß dieses Problem, das ich sehe, mein eigenes ist. Um in den Heilungsprozeß einzutreten, müssen Menschen erkennen, worin das Problem besteht, und zugeben, daß es ihr eigenes Problem ist, nicht das eines anderen. Damit liegt nicht nur die Verantwortung für die Veränderung da, wo sie hingehört, sondern dadurch wird auch die Hoffnung auf Veränderung erst möglich, denn wir können etwas nur dann verändern, wenn es in unserer Hand liegt. Denken Sie an die zahllosen Ehemänner und Ehefrauen, die erfolglos versucht haben, ihren Ehepartner zu verändern. Wir können jedoch die Verantwortung für Veränderung in unserem eigenen Leben übernehmen.

Aber der Weg wird nicht leicht sein; früher oder später werden wir dem großen Feind jeder Veränderung gegenüberstehen: der Verleugnung. Verleugnung ist die Neigung in uns allen, der Wahrheit über uns selbst oder andere aus dem Weg zu gehen, weil sie uns weh tun könnte. Verleugnung kann zwar unsere Sinne für eine Weile beruhigen, aber sie kann uns auch für immer in Fesseln halten, wenn wir das zulassen. Die Wahrheit mag weh tun, aber sie wird uns frei machen, weil sie uns in die Lage versetzt, uns unserem Problem ehrlich zu stellen und es zu verändern. Seien Sie beruhigt: Das offene Eingeständnis eines Problems ist schon der halbe Sieg. Aber es ist schwer, wenn nicht gar unmöglich, etwas zu heilen, dessen Existenz wir nicht wahrhaben wollen! Es erfordert großen Mut, uns unseren eigenen Unzulänglichkeiten zu stellen.

Mut

Mut ist Beharrlichkeit trotz Furcht. Ich hatte schreckliche Angst davor, mir selbst ins Gesicht zu sehen und mich meinen Schwächen zu stellen; Angst, wenn andere davon wüßten, würden sie mich nicht mehr achten. Noch größer war meine Angst, ich könnte mich selbst nicht mehr achten, wenn ich über mein Innenleben wirklich Bescheid wüßte. Aber ich habe eine Wahrheit über mich selbst und andere Menschen gelernt: Ich werde nie Frieden mit dem Leben, mit Gott oder mit mir selbst haben, solange ich mich nicht meiner eigenen Menschlichkeit stelle und sie nicht mehr fürchte. Indem ich zugab, daß ich schwach und unzulänglich bin, wich der Stachel der Scham von mir. Und indem ich meine Unzulänglichkeit Gott anbefahl, lud ich seine Kraft und Fülle ein, für mich das zu tun, was ich für mich selbst nicht tun konnte.

Sexuell verletzte Menschen müssen sich mutig ihren Unzulänglichkeiten und Ängsten stellen, besonders wenn noch andere Menschen zu diesen Unzulänglichkeiten beigetragen haben oder an ihren eigenen Problemen leiden. Wir neigen immer dazu, den Splitter aus dem Auge unseres Bruders zu entfernen, ohne zuerst den Balken aus unserem eigenen Auge zu nehmen (siehe Lukas 6, 41-42) – oder so große Angst vor unserem Balken zu haben, daß wir am liebsten überhaupt nichts tun. In beiden Positionen spiegeln sich wichtige Herzenseinstellungen wider, die überprüft werden müssen.

Herzenseinstellungen

In einem seiner Filme spielt Woody Allen eine Szene, in der er seinem Psychiater erzählt, er und seine Frau schliefen nur ein- oder zweimal in der Woche miteinander. In der nächsten Szene sehen wir seine Frau, wie sie ihrem Therapeuten berichtet, sie schliefen mindestens drei oder viermal in der Woche miteinander. Offensichtlich schlief jeder der beiden genauso oft mit dem anderen, aber jeder nahm die Wirklichkeit anders wahr. Der Unterschied hatte mit ihrer inneren Einstellung zum Sex zu tun. Woody schätzte Sex sehr hoch ein und wollte mehr davon. Er spielte ihre tatsächlichen Erlebnisse herunter. Sie wollte weniger Sex und bauschte die Wirklichkeit auf.

Im innersten Kern unseres gesamten Sexualverhaltens steckt eine Sammlung tiefer innerer Überzeugungen über Sex, uns selbst und andere. Verbunden mit diesen Überzeugungen sind Gefühle und Gedanken. Gedanken können Gefühle auslösen, und die Gefühle wiederum produzieren neue

Gedanken. All das verbindet sich zu einer tiefen inneren Herzenseinstellung. Darum sagt der Autor des Buches der Sprüche: „Behüte dein Herz mit allem Fleiß, denn daraus quillt das Leben" (Sprüche 4,23).

Eine Veränderung unseres Sexualverhaltens erfordert normalerweise eine Änderung unseres Herzens.

Unsere Erbanlagen, Familien und frühen zwischenmenschlichen Erfahrungen wirken zusammen bei der Entstehung unserer innersten Einstellungen zum Sex, zu uns selbst und zu anderen. Unser Sexualverhalten ist eine komplexe Ansammlung von Gedanken, Gefühlen und Verhaltensweisen, die alle von unseren Kernüberzeugungen ausgehen.

In dieser Wahrheit zeigt sich die Schwierigkeit bei den meisten Lösungsansätzen für sexuelle Probleme – es sind oberflächliche Lösungen, die nicht die Kraft haben, unsere Herzenseinstellung zu verändern.

Veränderung unserer Einstellungen

Um eine innere Einstellung möglichst wirksam zu verändern, müssen zwei Vorgänge gleichzeitig ablaufen. Positive, klare, wahre Botschaften müssen aufgenommen werden, während die negativen Faktoren ausgeschaltet werden. Im Grunde geht es also um Umerziehung und Heilung. *Die Wahrheit über Sex, Sexualität und die eigene Persönlichkeit muß aufgenommen werden, während alte Verletzungen, Erinnerungen und unwahre Botschaften zu entfernen sind.* Die folgende Illustration zeigt, wie diese Einstellungen ausgebildet und verändert werden.

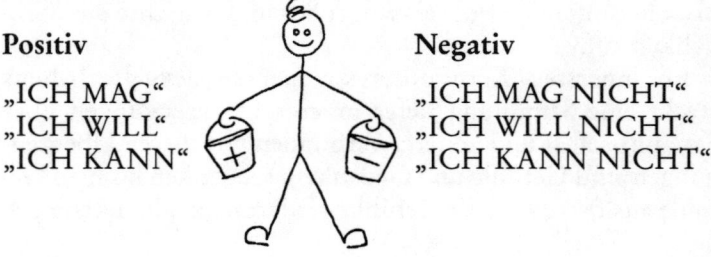

Positiv	Negativ
„ICH MAG"	„ICH MAG NICHT"
„ICH WILL"	„ICH WILL NICHT"
„ICH KANN"	„ICH KANN NICHT"

Jeder Eimer wird mit Erfahrungen, Gedanken und Gefühlen gefüllt, die uns entweder in der positiven oder der negativen Richtung schwanken lassen. Wenn der positive Eimer voll und der negative Eimer nur teilweise gefüllt ist, dann werden unsere Einstellungen zur positiven Seite hin ausschlagen – „Ich mag", „Ich will" oder „Ich kann".

Wenn der negative Eimer viele schmerzliche Erfahrungen, Gedanken und Gefühle enthält, während der positive Eimer nur wenig gefüllt ist, dann wird die sich daraus ergebende Einstellung negativ sein – „Ich mag nicht", „Ich will nicht" oder „Ich kann nicht".

Positive sexuelle Einstellungen motivieren uns dazu, uns auf den Geschlechtsverkehr zu freuen und ihn zu genießen. Negative Einstellungen erzeugen Sexualhemmung, Desinteresse oder Perversion.

Einstellungen können sich durch wiederholte ähnliche Erfahrungen ausbilden. Wiederholte negative Erfahrungen mit der Sexualität verstärken eine bereits ansatzweise vorhandene negative Einstellung zum Sex und führen schließlich zu einer Aversion gegen sexuelle Aktivität und zu Sexualhemmung.

Doch auch wiederholte positive Erfahrungen mit Sex können unsere Einstellungen beeinflussen. Das ist das Prinzip hinter der Methode, Paare mit sexuellen Konflikten zu Übungen im Genießen aufzufordern. Das senkt die Spannung, stellt die Intimität wieder her und baut Selbstvertrauen auf. Selbstvertrauen ist eine positive „Ich-kann"-Einstellung.

Auch Gebet vor dem Geschlechtsverkehr kann eine bedeutende Verbesserung bringen. Gebet ruft nicht nur das Eingreifen Gottes auf den Plan, sondern bringt auch normalerweise unsere Einstellung in die richtige Ordnung. Wiederholte gesunde Botschaften über Sex und positive sexuelle Erfahrungen tragen zur Ausbildung gesunder sexueller Einstellungen bei.

Einstellungen können sich auch durch eindrückliche einzelne Ereignisse ausbilden, so, als fiele ein großer Stein in einen Ihrer Einstellungs-Eimer. Ein einziges traumatisches Ereignis kann den gleichen Einfluß ausüben wie eine große Zahl kleinerer Erfahrungen.

Traumatische Ereignisse

Sexuelle Belästigung oder Inzest in der Kindheit sind normalerweise riesige Felsbrocken im negativen Eimer. Sex kann ein kleines Kind auf mächtige Weise beeinflussen. Wenn jemand in einen so privaten Bereich wie die Geschlechtsteile eindringt, hinterläßt das bei einem Kind dauerhaft prägende Botschaften. Vergewaltigung ist ein weiteres besonders verletzendes Ereignis. Je mehr ein solches Ereignis die Grenzen einer Person verletzt, desto größer wird das Potential für eine negative Einstellung.

Derartige frühe, schädliche sexuelle Erlebnisse oder Belästigungen bilden die Wurzel der sexuellen Schwierigkeiten vieler Menschen, denn als kleine Kinder verfügen wir nicht über die Ressourcen, eine solche Erfahrung richtig zu beurteilen und zu verarbeiten. Die Einstellungen und Kernüberzeugungen, die aus diesen traumatischen Ereignissen entstehen, waren negativ und ungesund, und der positive Eimer war einfach nicht gut genug gefüllt, um das Gewicht des negativen ausbalancieren zu können.

Werden negative Erfahrungen jedoch verarbeitet oder geheilt, so hat das die gleiche Wirkung, als würde die Erfahrung aus dem negativen Eimer herausgenommen und sogar statt dessen in den positiven hineingelegt. Doch das Problem bei den meisten Belästigungen und Fällen von Inzest und Mißbrauch in der Kindheit besteht darin, daß Kindern selten die sachkundige Unterstützung zur Verfügung steht, die notwendig wäre, um die Wunde zu verarbeiten. Die meisten Täter, die sich des Mißbrauchs an Kindern schuldig gemacht haben, schüchtern ihre Opfer ein oder beschämen sie, damit sie nichts sagen. Und wenn die Kinder doch etwas sagen, geschieht es manchmal tragischerweise, daß sie nicht ernst genommen oder gar noch mehr beschämt werden. Selbst wenn die Eltern zuhören, fehlen ihnen normalerweise die Voraussetzungen, um mit dem Kind gemeinsam die notwendigen Schritte der Verarbeitung zu gehen. Ein begabter Lebensberater kann eine unschätzbare Hilfe sein. Aber gehen Sie sicher, daß dieser Lebensberater weiß, wie Gott Mißbrauch heilt und wie er es bei Kindern tut.

Urteile und Vorsätze

Die wiederholten Erfahrungen und traumatischen Ereignisse unseres Lebens formen uns, indem sie unsere inneren Einstellungen ausbilden. Doch hier ist eine Warnung angebracht: *Nicht nur das, was Ihnen geschieht, beeinflußt Sie, sondern auch das, was Sie sich selbst über das Geschehene sagen.*

Es ist entscheidend, wie wir eine Erfahrung beurteilen. Was wir als richtig oder falsch, gut oder schlecht einschätzen, bildet die Grundlage unserer Einstellung. Ebenso wichtig ist es, wie wir das Ereignis empfinden. Schmerzliche Ereignisse veranlassen uns dazu, uns selbst innerlich Eide oder Vorsätze zu leisten, durch die wir uns darauf festlegen, aufgrund unserer Erfahrungen nur noch auf eine bestimmte Weise zu handeln.

Ryan nahm sich vor, sich nie wieder von einer Frau abweisen zu lassen, wie es seine Freundin in der Schulzeit getan hatte, und sich nie wieder um den Sex bringen zu lassen, der ihm „zustand". Das Ergebnis war ein Verhaltensmuster, nach dem er Frauen Liebe gab, um Sex zu bekommen, und sich dann zurückzog, bevor sie ihm weh tun konnten. Seine unverheilte Wunde veranlaßte ihn zu starken, zum Scheitern verurteilten Vorsätzen, die zu negativen Einstellungen und verletzendem Verhalten gegenüber Frauen führte.

Vorsätze und Urteile sind die Bausteine einer Einstellung. Sie sind ein schweres Gewicht im Eimer – normalerweise auf der negativen Seite. Indem Sie ungesunde, negative Urteile identifizieren und ersetzen, können Sie einer Veränderung Ihrer Einstellung großen Vorschub leisten. Ryan erkannte, daß er aufgrund seiner Erfahrungen alle Frauen als treulos einschätzte. Außerdem wurde ihm klar, daß er sich selbst als sexuell nicht begehrenswert beurteilte. Diese innere Einschätzung setzte ihn unter Druck, dem Sex nachzujagen, um seine Attraktivität zu beweisen. Negative Urteile über uns selbst oder andere sind niemals hilfreich — sie behindern uns nur und verleiten uns dazu, neue Vorsätze zu fassen.

Für eine Veränderung unserer Einstellung ist es auch notwendig, die ungesunden Vorsätze, die wir selbst gefaßt haben, zu isolieren und zu widerrufen. Ryans Vorsätze brachten ihm nur Probleme ein und halfen ihm nicht im geringsten, die Wunden zu heilen, die er durch Bettys Ablehnung erlitten hatte. Es kommt in der Tat sehr häufig vor, daß sexuelle Zwanghaftigkeit oder Sexualhemmung durch innere Vorsätze zementiert wird, die man nach Verletzungen faßte, um sich zu schützen. Diese Vorsätze müssen aufgedeckt und losgelassen werden. Um solche Urteile und Vorsätze zu offenbaren und zu verändern, kann es hilfreich sein, auf den eigenen „Self-Talk" zu hören.

Self-Talk

Das innere Gespräch, das wir unaufhörlich mit uns selbst über uns selbst und die Welt um uns her führen, wird als *Self-Talk* bezeichnet. Es ist die innere Stimme, die unsere Erfahrungen bewertet und unsere Einstellungen widerspiegelt. Wenn Sie jetzt zu lesen aufhörten und auf ihre eigenen Gedanken horchten, würden Sie Ihren Self-Talk hören. Self-Talk bestimmt unsere innerliche Reaktion auf äußere Ereignisse, formuliert die Urteile und registriert die Vorsätze, die wir alle fassen, und er ist das Werkzeug, das wir gebrauchen, um unsere Einstellungen zu formen.

Wenn Sie einen bestimmten Gedanken immer und immer wieder denken, ist es, als ob sie zusätzliche Steine in Ihren Eimer legten. Je öfter Sie den Gedanken denken, desto mehr Steine fügen Sie hinzu, und desto mehr entwickelt sich Ihre Einstellung in Richtung Ihres Gedankens. Wenn Sie zum Beispiel einen alten Ärger nähren und immer wieder daran zurückdenken, bauen Sie dadurch eine starke negative Einstellung gegenüber der Person auf, die Sie verärgert hat. Wenn Sie sich dagegen immer wieder an ein besonders schönes Ereignis erinnern, legen Sie Steine in Ihren positiven Eimer und verstärken eine positive Einstellung gegenüber dem Ereignis und allem, wofür es steht.

Ein Autor schrieb, durch unseren Kopf gingen pro Tag über eine Million Gedanken. Das unterstreicht, wie bedeutsam für die Bildung oder Verstärkung unserer Einstellungen es ist, worüber wir uns im Laufe eines Tages Sorgen oder Gedanken machen.

Self-Talk bildet nicht nur Einstellungen aus, sondern er spiegelt auch bestehende, beherrschende Einstellungen wider. Was Ihr Self-Talk sagt, zeigt Ihre wahren Überzeugungen. Wenn wir unser Sexualverhalten ändern wollen, müssen wir die Kernüberzeugungen kennen, von denen wir ausgehen. Indem Sie Ihre Gedanken über Sex kennenlernen, können Sie ihre wahren Überzeugungen identifizieren. Wenn Sie in der Lage sind, Ihren Self-Talk „abzuhören", können Sie wertvolle Einsichten darüber gewinnen, an welchen Punkten Veränderung notwendig ist, und die dahinter stehenden Vorsätze aufdecken.

Tagebuch schreiben

Die meisten Menschen haben eine ungefähre Vorstellung davon, was sie fühlen, aber es fehlt ihnen an klarer Erkenntnis ihrer tieferen Gedanken und Gefühle. Das Führen eines Tagebuchs ist eine gute Technik, um verborgene Urteile und Vorsätze zu entdecken. Falls Sie noch nie ein Tagebuch geführt haben und nicht wissen, was Sie schreiben sollen, fangen Sie damit an niederzuschreiben, was Sie während des Geschlechtsverkehrs sowie davor und danach denken. Aber achten Sie darauf – das Tagebuch, in das Sie schreiben, muß unter Verschluß bleiben! Sie müssen es an einem sicheren Ort aufbewahren und benutzen, so daß Sie aufzeichnen können, was Sie wirklich denken und fühlen.

Da wir dazu neigen, über eine Reihe von Tagen einem Gedankenstrom zu folgen, empfehle ich, daß Sie jeden Tag eine Eintragung in Ihr Tagebuch machen. Auf diese Weise wird sich das Muster der Gedanken und Gefühle, die Ihr Sexualverhalten beeinflussen, bald deutlich abzeichnen – das ist es ja, was ein Tagebuch zu einem so wertvollen Werkzeug der Veränderung macht. Negative Gedanken müssen aufgedeckt und gezügelt werden, damit wir gesund leben können. Indem Sie Ihren Self-Talk auf eine Weise kontrollieren, die sich an Gottes Perspektive zu Sex und Sexualität orientiert, tun Sie den ersten Schritt im Prozeß der Veränderung. In Ihrem Tagebuch haben Sie die Schlüsselgedanken isoliert, denen es zu widerstehen gilt, und nachdem das geschehen ist, können sie Gott bitten, Ihnen einen Bibelvers oder eine wahrheitsgemäße Aussage zu zeigen, durch die Sie Ihren negativen Gedanken ersetzen. Haben Sie diesen Vers gefunden, schreiben Sie ihn neben den negativen Gedanken und lesen beides zusammen laut vor, immer wieder. Bald wird der wahre Gedanke den anderen überschatten und so zu einer Veränderung Ihrer Einstellung führen. Licht überwindet wirklich die Dunkelheit, und Gottes Wahrheit triumphiert über die Lüge!

Ein Maßstab ist entscheidend

Die Bibel, das Judentum und die meisten christlichen Denominationen haben seit jeher gelehrt, daß die Sexualität eine Gabe Gottes ist – daß sie heilig gehalten werden und Freude bringen soll. In unserer Gesellschaft hält man zwar an dem Vergnügungswert der Sexualität fest, will aber von ihrer Heiligkeit nichts wissen. Heilig sein bedeutet, daß etwas einem einzigen Zweck oder einer einzigen Person zugeeignet ist und daher Ehrfurcht und Respekt verdient. Doch in der heutigen Gesellschaft kennt das sexuelle Ausleben offenbar keine Grenzen.

Da die meisten Menschen traditionelle Gebote und Verbote durch dehnbarere Richtlinien ersetzt haben, richtet sich ihr Verhalten danach, was ihnen im jeweiligen Augenblick ein gutes Gefühl vermittelt oder richtig erscheint. Das hat zu einem trivialen, banalen und promiskuitiven Sexualverhalten geführt, bei dem der langfristige Gewinn zugunsten des kurzfristigen Vergnügens auf der Strecke bleibt. Doch wenn wir wollen, daß unsere Sexualität gesund und schön bleibt, müssen wir Maßstäbe aufrichten und Grenzen respektieren. Respekt vor einer Sache zeigt man nicht zuletzt dadurch, daß man Grenzen zieht, um sie zu schützen und zu bewahren. Wo diese Grenzen fehlen, wird die Sexualität ungesund.

Grenzen

Persönliche Grenzen sind Schutzmaßnahmen. Wenn sie beachtet werden, schützen sie uns vor Verletzungen. Wie ein Zaun um ein Grundstück zeigen sie uns, wo wir aufhören und andere beginnen, und lassen andere wissen, daß sie nur bis zu einem bestimmten Punkt gehen dürfen, sonst werden sie die Grenze übertreten. Ebenso können sie niedergelegt werden oder Tore haben, durch die ein anderer eintreten kann, jedoch nur im gegenseitigen Einverständnis. Wegen der äußerst privaten, verletzlichen und intimen Natur der Sexualität ist es besonders schmerzhaft, wenn hier Grenzen verletzt werden.

Verschiedene Arten von Grenzverletzungen

Sexuelle Intimität ist eine gegenseitige Einladung, die Grenzen niederzulegen, die Tore zu öffnen und einander den Zugang zum intimsten und privatesten Eigentum zu gewähren. Doch selbst dann, wenn dieser Zugang gewährt ist, gibt es immer noch Tore, die man öffnen, Wege, an die man sich halten, und Türen, an die man klopfen muß. Sexuelle Verletzungen entstehen dadurch, daß man den Zaun ignoriert, sich nicht an die Wege hält oder nicht an die Türen klopft.

Wenn Sie mißbraucht, sexuell vernachlässigt, betrogen,

abgelehnt, verspottet, gegen Ihren Willen berührt, beschämt, zum Opfer von Inzest gemacht, belästigt, unter Druck gesetzt oder bedroht worden sind, dann sind Ihre Grenzen verletzt worden.

Es kann jedoch sein, daß Sie sich unwissentlich selbst verletzen, indem Sie Ihre Grenzen zu starr ziehen. Menschen, die an einer Sexualhemmung leiden, wollen oft ihr inneres Wesen zu stark beschützen; sie verletzen sich selbst dadurch, daß sie andere auf ihren Grund und Boden einladen, aber dann so viele Regeln aufstellen, daß es für jeden anderen zu schwierig wird, mit ihnen intim zu sein oder zu bleiben. Dadurch wird auch der andere zum Opfer, der meinte, er könnte Ihr sexuelles Angebot ohne solche Schwierigkeiten annehmen. Opfer sexuellen Mißbrauchs haben oft niedrige Grenzen, weil sich gesunde Grenzen aufgrund des Mißbrauchs nicht bilden konnten. Andererseits haben sie auch sehr schmale Wege und verschlossene Türen als Folge der Schädigung, die einen Menschen davon abhält, auf sexuellem Gebiet vertrauensvoll zu reagieren. Infolgedessen berauben sie andere, indem sie sexuelle Intimität anbieten, die sie dann tatsächlich nicht geben können.

Sie können sich auch selbst verletzen, indem Sie unbedacht jemandem erlauben, Ihr Eigentum zu betreten, ohne sich an die Wege zu halten oder an die Türen zu klopfen. Kodependente Menschen tun das häufig. Um Liebe, Fürsorge und Aufmerksamkeit zu bekommen, laden sie andere ein, über den Zaun zu springen und in ihrem Garten und Zuhause Verwüstungen anzurichten. Später bereuen sie diese Entscheidung. Sally ärgerte sich immer wieder über sich selbst, weil sie „so dumm" gewesen war. Um Liebe zu bekommen, versprach sie ihren Ehemännern alles, was sie wollten. Indem sie so viel gab, ließ sie zu vieles zu. Ihre Botschaft an ihre Männer lautete: „Es gibt keine Wege, keine Türen und keine Schlösser ... tut, was ihr wollt." Und sie taten es. Sie respektieren sie nicht und betrogen sie oft mit anderen oder vollzogen beschämende sexuelle Praktiken mit ihr. Ihr zweiter Ehemann steckte sie sogar mit einer Geschlechtskrankheit an.

Als ihr die Wirklichkeit dämmerte, verurteilte sie sich selbst, aber das führte nur zu Selbstmitleid und Untätigkeit, nicht zur Freiheit. Sie hatte noch nicht die Notwendigkeit erkannt, ihre eigene Wunde zu heilen.

Kodependente Menschen müssen erkennen, daß Gott ihnen Heilung anbietet, obwohl sie sich selbst verletzt haben, indem sie ihre Grenzen nicht schützten. Außerdem müssen sie sich dem Menschen stellen, der sie verletzt hat. Selbst wenn sie dem anderen einen Freibrief ausstellten, hätte ein fürsorglicher und rücksichtsvoller Mensch dieses Angebot nicht ausgenutzt. Die andere beteiligte Person muß die Verantwortung für ihr Handeln übernehmen.

Man kann sich auch selbst verletzen, indem man einen anderen verletzt. Die Wunde eines schmerzenden Gewissens kann die Folge sein, wenn Sie die Grenzen eines anderen Menschen nicht respektiert haben. Während meines Studiums nutzte ich auf selbstsüchtige Weise zwei Frauen aus. Die Erinnerung an das, was ich getan hatte, war für mich so schmerzhaft, daß ich sie in den Hintergrund meines Denkens verbannte, bis mich bestimmte Ereignisse dazu zwangen, mich meiner eigenen Sünde zu stellen. Um von meinen Schuldgefühlen geheilt zu werden, mußte ich die Verantwortung für das, was ich ihnen angetan hatte, voll auf mich nehmen. Das erforderte Demut und Zerbrochenheit, ohne daß ich deswegen im Staub kriechen mußte. Die Heilung der Schamgefühle fängt damit an, daß wir ehrlich zugeben, wie wahrhaft sündig wir alle sind, und daß das Wesen der Gnade darin besteht, daß wir unsere eigene Unzulänglichkeit und Gottes wunderbare Annahme erkennen.

Gesunde Richtlinien

Heilung und Veränderung können Sie nur dann finden, wenn Sie Ihre bestehenden Maßstäbe und Grenzen für das Sexualverhalten sorgfältig überprüfen. Um in diesen Prozeß einzutreten, messen Sie Ihre sexuellen Erfahrungen an den folgenden Richtlinien. Meiner Überzeugung nach sind sie alle in Übereinstimmung mit einer biblischen Auffassung von gesunder, erfüllender Sexualität.

▷ Sex darf nicht dazu dienen, einen anderen Menschen zu erniedrigen oder körperlich zu mißbrauchen.
▷ Sex ist ungesund, wenn er einen anderen Menschen dazu veranlaßt, sich als weniger als ein wertvolles Geschöpf Gottes zu sehen.
▷ Sex ist ungesund, wenn er selbstsüchtig ist und nur zu körperlicher Befriedigung und persönlichem Lustgewinn dient.
▷ Sex ist ungesund, wenn er einen anderen beschämt.
▷ Sex ist ungesund, wenn er nicht unter dem „Gesetz der Liebe" steht.
▷ Sex ist schädlich, wenn sein Vollzug die Beteiligten oder diejenigen, die sie lieben, verletzt.
▷ Sex ist zerstörerisch, wenn er unter Zwang, Druck oder Nötigung vollzogen wird.
▷ Sex ist ungesund, wenn er als Ersatz für Zuneigung, Zärtlichkeit, Fürsorglichkeit und Intimität dienen muß.
▷ Sex ist ungesund, wenn sein Vollzug das Gewissen verletzt.
▷ Sex ist schädlich, wenn er außerhalb der Grenzen eines Bundes der Liebe (d.h. außerhalb der Ehe) vollzogen wird.

Maßnahmen

Je nach Hintergrund und Bereitschaft kann der Prozeß der Veränderung Jahre oder nur kurze Zeit in Anspruch nehmen. In jedem Fall sind die Hinweisschilder entlang des Weges zu beachten. Die folgenden Schritte sind eine Hilfe dazu, Ihr Problem aufzuarbeiten oder anderen Menschen bei deren Problem zu helfen.

1. Haben Sie gewissenhaft Zärtlichkeits-Techniken ausprobiert?
Selbst wenn die Ursache einer Störung in der Vergangenheit
liegt, kann eine Zärtlichkeits-Übung, die auf eine Korrektur
abzielt, hilfreich sein. Ein solche Übung wird nicht immer
ohne weiteres zum Ziel führen, aber wenn sie in Verbindung
mit den anderen Schritten zur Heilung angewandt wird,
kann sie normalerweise die Veränderung erleichtern. Doch
Vorsicht: *Playboy*, Pornofilme, Liebestränke und dergleichen
sind selten hilfreich und können mehr Probleme schaffen als
lösen.

*2. Haben Sie gegenwärtige Beziehungsprobleme und negative
Verhaltensmuster, die zu Ihrem sexuellen Problem beitragen
könnten, analysiert und überwunden?* Seit langem bestehende, ungelöste Konflikte spiegeln sich im Geschlechtsakt
wider. Die Art von Beziehung, die zwei Menschen im Wohn-
zimmer genießen oder erleiden, setzt sich auch im Schlafzimmer fort. Eine Beziehung spiegelt sich im Sex wider, und Sex
prägt die Beziehung mit. Im Sex werden sowohl die positiven
als auch die negativen Verhaltensmuster erkennbar. Die meisten unserer Beziehungsprobleme rühren noch aus den Familien her, in denen wir aufwuchsen, und wir haben sie in unsere Ehen mitgebracht, wo sich das Verhaltensmuster noch
weiter verfestigt hat. Zur Überwindung negativer Verhaltensmuster sind drei Dinge notwendig: Erstens müssen Sie sich
darüber klar werden, wie eine gesunde Beziehung aussieht.
Das gibt Ihnen die Möglichkeit, Ihr bestehendes Bezie-
hungsverhalten zu überprüfen und festzustellen, ob etwas
daran ungesund ist. Zweitens muß man erkennen, wie das
Verhaltensmuster funktioniert, und besonders, worin der eigene Beitrag in diesem Muster aus Aktion und Reaktion besteht. Viele negative Muster entstehen durch das Fehlverhalten eines anderen und unsere ungesunde Reaktion darauf.
Drittens müssen Sie entdecken, in welchen Beziehungen der
Vergangenheit Sie sich ähnlich verhalten haben. Seinen Ursprung hat das Verhaltensmuster stets bei jemandem aus
Ihrer Familie oder Ihrem engeren Bekanntenkreis. Das ist

einer der Gründe dafür, daß es für die Wiederherstellung der Unschuld notwendig ist, negative familiäre Hinterlassenschaften zu überprüfen und zu überwinden. Sobald Sie sich über diese drei Faktoren klar geworden sind, werden Sie in der Lage sein, sich mit den in der Vergangenheit liegenden Wurzeln Ihrer gegenwärtigen Probleme zu beschäftigen.

3. *Haben Sie sich eingehend mit Ihren eigenen Überzeugungen in bezug auf Sexualität befaßt?* In dieser übermäßig sinnlich orientierten Gesellschaft ist es schwierig, eine gesunde Sicht der Sexualität zu entwickeln. Sex muß zu oft für zu viele Zwecke herhalten. Aber es sind die eigenen Kernüberzeugungen über die Sexualität, die das Verhalten bestimmen. In Ihrem Tagebuch finden Sie die Urteile, Vorsätze und Überzeugungen, die Sie verändern müssen.

4. *Überprüfen Sie sorgfältig die Wurzeln Ihres Lebens.* Ihre Familie und Ihre frühesten Erfahrungen mit sexuellen Beziehungen haben sie tief beeinflußt. Von unseren Familien lernen wir unsere ersten Lektionen in Sexualkunde, und durch unsere ersten Erlebnisse verfestigen sich unsere Reaktionsmuster. Erforschen Sie weiterhin die entscheidenden Wurzeln in Ihrer Familie und in Ihren Beziehungen, die zu Ihrer sexuellen Entwicklung und zu Ihren Schwierigkeiten beigetragen haben.

5. *Stellen Sie sich Ihrem verwundeten Zustand.* Die meisten von uns haben sich selbst oder andere verwundet und sind auch selbst verwundet worden. Die Heilung kommt, wenn wir bereit sind, uns diesen tiefen Wunden aus der Vergangenheit zu stellen und sie vor Gott aufzudecken, damit er sie heilt. Haben Sie keine Angst vor dem Schmerz. Er wird Sie nicht zum Wahnsinn treiben, wenn Sie sich ihm und Jesus gleichzeitig stellen. Das nächste Kapitel, „Die Heilung der schmerzhaften Erinnerungen", wird Sie Schritt für Schritt durch Ihre Wunden zur Heilung führen.

6. *Vertrauen Sie Gott, nicht sich selbst oder anderen Menschen.* Die Heilung unserer Wunden und die Überwindung der tiefgreifenden Wurzeln von Mißbrauch, Zwanghaftigkeit oder sexueller Störung erfordern eine Macht, die größer ist als unsere eigene. Da Gott derjenige ist, der unser sexuelles Wesen entworfen hat, kann nur er allein uns aus unseren zum Scheitern verurteilten Verhaltensweisen befreien. Haben Sie also keine Angst davor, ihm Ihre Bitte im Gebet vorzutragen, denn das Gebet ist das wichtigste Hilfsmittel der Veränderung. Gott tut alles durch das Gebet und nichts ohne Gebet. Je mehr Sie beten und erkennen, wie Sie wirksam beten können, desto größer wird das Potential für eine Veränderung. In einigen der folgenden Kapitel finden Sie praktische Hinweise, wie Sie Ihr Gebet wirksamer gestalten können. Eine wichtige Überlegung dazu: Wenn Sie sich mit diesen Problemen auseinandersetzen, ist es hilfreich, einen Freund oder Seelsorger zu haben, der für Sie und mit Ihnen betet. Ein einziger Mensch, der betet, kann tausend in die Flucht schlagen; zwei, die beten, zehntausend. Die Wirksamkeit des Gebets vervielfacht sich, wenn andere sich auf der Suche nach der Heilung und Veränderung, die wir so dringend brauchen, hinter uns stellen.

Denken Sie daran, daß Jesus den Kranken und im Geist Verwundeten nahe ist. „Er heilt, die zerbrochenen Herzens sind, und verbindet ihre Wunden" (Psalm 147,3). Und er setzt die Gefangenen frei (Lukas 4,18).

Die Heilung
der schmerzhaften Erinnerungen

Posttraumatisches Streßsyndrom war bis vor kurzem eine wenig verbreitete psychiatrische Diagnose. Früher nannte man es *Adaptationssyndrom* oder im Volksmund *Kriegsmüdigkeit* oder *Bombenschock*, und diese Diagnose wurde vorwiegend auf Kriegsveteranen angewandt, die allzu lebhafte Erinnerungen an ihre Kampferlebnisse hatten. Manchmal hinterläßt das Trauma einer Schlacht eine unauslöschliche Prägung, die oft jahrelang verborgen bleibt, um dann später in Form von Träumen, Rückblenden oder plötzlich auftauchenden Gedanken oder Gefühlen an die Oberfläche zu treten. Kriegsveteranen verhalten oder fühlen sich manchmal so, als ob sie das traumatische Ereignis von neuem durchlebten, besonders wenn sie auf etwas stoßen, das sie an ihr Erlebnis erinnert. Außerdem können folgende Erscheinungen bei diesem Syndrom auftreten:

▷ emotionaler Rückzug; eine Abstumpfung der Gefühle und ein Mangel an Teilnahme oder Interesse am Leben
▷ schreckhaftes Reagieren auf Geräusche, Berührung oder auch nur körperliche Nähe
▷ Schlafstörungen oder Angst vor dem Schlafengehen
▷ unerklärliche Schuldgefühle – entweder, weil sie das Trauma überlebten, oder weil sie nicht in der Lage waren, es zu verhindern
▷ Erinnerungsstörungen; eine Unfähigkeit, sich an Teile der Vergangenheit oder des Ereignisses zu erinnern, große Lücken in der Erinnerung und häufiger Verlust des Zeitgefühls
▷ Reizbarkeit oder Zorn

▷ Vermeiden jeder Aktivität, die an das Trauma erinnert
▷ Verstärkung der Symptome, wenn sie mit Ereignissen in Berührung kommen, die das Trauma symbolisieren oder ihm ähnlich sind

Durch diese Symptome signalisiert der Körper die dringende Notwendigkeit für den Veteranen, mit dem mächtigen Eindruck des Krieges fertig zu werden, und sie werden nicht aufhören, bis der Betroffene Zeit und Sorgfalt aufwendet, um auf dieses Bedürfnis einzugehen.

Dieses Muster einer verzögerten Streßreaktion zeigt, wie jede schmerzliche Erfahrung uns beeinträchtigen kann, wenn sie nicht sofort völlig verarbeitet wird. Zudem gibt uns die posttraumatische Streßreaktion eine Verhaltensregel an die Hand, wie wir mit unverheilten Wunden der Vergangenheit umgehen müssen: Wir müssen uns der traumatischen Erfahrung stellen, sie von neuem durchleben und dabei die Gefühle, Gedanken und inneren Reaktionen verarbeiten, bis der Schmerz aufhört.

Schmerzende Wunden und Erinnerungen

Alle Erfahrungen des Lebens werden im Gehirn als Erinnerungen gespeichert, und sofern die Gehirnzellen nicht absterben oder beschädigt werden, sind uns diese Lebenserinnerungen dauerhaft eingeprägt. Nicht nur, was wir sehen, riechen, berühren, schmecken und fühlen, wird aufgezeichnet, sondern auch, wie wir Ereignisse beurteilen und was wir uns als Konsequenz zu tun vornehmen. Selbst wenn wir uns an etwas nicht bewußt erinnern, ist die Information doch in uns gespeichert.

Da Menschen manchmal von einem Ereignis zu überwältigt sind, um ihre Gedanken und Gefühle völlig aufzuarbeiten, versuchen sie den Schmerz zu überdecken, das Ereignis zu ignorieren und so schnell wie möglich zur Tagesordnung überzugehen. Doch da die Information in uns gespeichert ist, kann sie im späteren Leben großen Schaden anrichten, indem sie Jahre später in Form eines posttraumatischen Streßsyndroms wieder an die Oberfläche tritt.

Ein ähnliches Muster vollzieht sich bei Verletzungen aus der Kindheit. Da Kinder nicht in der Lage sind, solche Wunden richtig und gründlich zu verarbeiten, neigen sie dazu, das Geschehene beiseite zu schieben und zur Tagesordnung überzugehen. Die unbehandelte Wunde wird jedoch als schmerzliche Erinnerung gespeichert, die nach Lösung schreit. Im Laufe der Zeit wird der Körper verlangen, daß das Problem erledigt wird. Die äußeren Symptome sind dann vielleicht nicht so schlimm wie ein posttraumatisches Streßsyndrom, aber sie sind vorhanden. Alles hängt von der Schwere des Traumas und der Verwundbarkeit des Individuums ab.

Bei den meisten von uns ist es notwendig, daß wir unsere Kindheit und die Vergangenheit in unserer Familie Revue passieren lassen, um die Verletzungen, denen wir uns bisher nie gestellt haben, völlig aufzuarbeiten. Eva, Ryan und andere mußten sich ihrer schmerzlichen Vergangenheit stellen, um die Macht zu brechen, die ihre Vergangenheit über ihr heutiges Leben und Sexualverhalten ausübte. Das gilt besonders für Menschen, die belästigt oder mißbraucht worden sind. Wenn es sich um einen schweren oder fortgesetzten Mißbrauch handelte, kann es im späteren Leben zu einem voll entwickelten posttraumatischen Streßsyndrom kommen.

Sexueller Mißbrauch

Sexueller Mißbrauch, Vergewaltigung, Inzest, Belästigungen und traumatische sexuelle und zwischenmenschliche Begegnungen können alle eine posttraumatische Streßreaktion nach sich ziehen. Noch lange Zeit nach einem solchen Ereignis steht die verwundete Person unter dessen Einfluß. Das war auch in Anns Leben der Fall.

Eines Sonntags ging ihr während des Gottesdienstes ein flüchtiges Bild von einem kleinen Kind durch den Kopf, in das der Penis eines Mannes eindrang. Sie zuckte bei diesem Gedanken zusammen und spürte eigenartigerweise selbst einen Anflug von Schmerz. Sie schob den Gedanken beiseite. Einige Wochen später summte sie ein Lied vor sich hin, während sie Geschirr spülte. Wieder ging ihr das Bild durch den Kopf, und diesmal blieb es länger. Ann wußte sofort, daß irgend etwas nicht stimmte. Das Bild war ihr zu vertraut. Im Lauf der folgenden Wochen kam sie zu der Erkenntnis, daß sie von einem Onkel sexuell belästigt worden war, als sie fünf oder sechs Jahre alt war. Die Erinnerung an diese Vorfälle hatte sie seit ihrer Kindheit aus ihrem Bewußtsein verbannt. Doch ihr Einfluß war immer noch spürbar.

Ann war sexuell verschlossen. Wenn ihr Mann Ryan sie berührte, spürte sie einen Schauder und wollte sich zurückziehen. Und sie verspürte einen körperlichen Schmerz beim Geschlechtsverkehr. Diese Symptome hatte sie so ausgelegt, daß sie einfach Sex nicht so sehr mochte wie andere Leute. Doch als die Erinnerungen zurückkehrten, mußte sie sich der Erkenntnis stellen, daß sie von ihrem Onkel mißbraucht worden war. Dies war eine besonders schmerzliche Erinnerung, weil er einer ihrer Lieblingsonkel gewesen war. Sie wunderte sich auch darüber, daß niemand davon wußte und sie niemandem etwas erzählt hatte. Sie erinnerte sich daran, daß sie ihrer Mutter erzählt hatte, ihr täte die Scheide weh, aber die Mutter war achtlos darüber hinweggegangen.

Als Ann den schmerzhaften Mißbrauch erforschte, der an ihr geschehen war, stieß sie auf viele weitere Fragen und Einsichten. Ihr Onkel war ein Alkoholiker, der in späteren Jahren von einem Mädchen aus der Nachbarschaft beschuldigt wurde, er habe sie belästigt. Die Familie hatte sich geschlossen hinter den Onkel gestellt und behauptet, das kleine Mädchen hätte sich alles nur ausgedacht. Ann wußte es jetzt besser.

Die Rückkehr der schmerzlichen Erinnerungen fiel Ann zwar schwer, führte sie aber auch zur Heilung. Ihr Sexualverhalten und ihr Unbehagen hingen mit dem Mißbrauch zusammen; sie erinnerte sich daran, wie sie sich als kleines Mädchen gesagt hatte: „Sex tut weh", und wenn sie groß wäre, würde sie mit niemandem schlafen, solange sie nicht mußte. Sie vergoß viele Tränen und trauerte über den Verlust ihrer Unschuld, und sie widerrief den Vorsatz, den sie gefaßt hatte. Und indem sie Jesus in ihre Erinnerungen einlud, um ihren Schmerz zu heilen, fand sie Trost. Als ihre Erinnerungen erst einmal geheilt waren, war sie von Angst und Schmerz befreit, und sie fing an, Freude am Sex zu haben. Es lagen immer noch einige Schritte vor ihr, aber nun waren alle Hindernisse aus dem Weg geräumt. Anns Unschuld wurde wiederhergestellt.

Hätte sie sich dagegen gewehrt, sich mit den Erinnerungen zu befassen oder sich dem Schmerz zu stellen, so hätte sie nicht geheilt werden können. Sie wäre in ihrem kodependenten sexuellen Verhaltensmuster steckengeblieben – hätte weiterhin Sex nur gegeben, um Liebe zu bekommen und dem Zorn ihres Mannes zu entgehen.

Vorsicht!

Gehen Sie nicht achtlos über Ihre flüchtigen Erinnerungen oder Eindrücke oder die anderer hinweg. Vielleicht treffen sie zu. Wenn Sie sich fragen, ob Sie mißbraucht wurden oder nicht, dann reden Sie darüber. Indem Sie die Sache ans Licht bringen, wird Ihnen möglicherweise klarer werden, ob Ihre Erinnerungen oder Ihre Eindrücke zutreffend sind oder nicht. Ein kompetenter christlicher Fachmann oder ein entsprechend ausgebildeter Pastor kann Ihnen helfen, die Hinweise zu untersuchen und die Wahrheit herauszufinden. Beten Sie auch darüber. Bitten Sie Jesus, Ihnen die Wahrheit zu zeigen. Sie wird kommen, wenn Sie darum bitten.

Wenn Ihnen beim Lesen dieses Kapitels schmerzliche Erinnerungen kommen, geraten Sie nicht in Panik, und laufen Sie nicht davor weg. Heilung können Sie nur finden, wenn Sie sich jeder dieser Erinnerungen stellen. Aber stellen Sie sich ihnen gemeinsam mit Jesus und einem vertrauenswürdigen Freund oder Seelsorger, der weiß, wie Gott sexuelle Wunden und schmerzliche Erinnerungen heilt. Wenn zu viele Erinnerungen kommen oder die Eindrücke zu mächtig sind – hören Sie auf zu lesen! Fangen Sie wieder an, wenn Sie sich wieder in der Lage dazu fühlen. Nehmen Sie sich Zeit, und suchen Sie sich jemanden, der Ihnen helfen kann. Aber geben Sie nicht auf, und laufen Sie nicht davon. Jesus wird Sie heilen, wenn Sie ihn lassen!

Andere Faktoren beim Mißbrauch

Die meisten Fälle von sexuellem Mißbrauch betreffen Kinder, die noch zu klein sind, um das Trauma völlig verstehen und wissen zu können, wie sie mit dem Mißbrauch umgehen sollen. Oft bedroht oder besticht der Täter das Kind und versetzt es in Angst, Verwirrung und Scham. Das verwirrte Kind weiß nicht, was es tun soll. Selbst wenn es seiner Familie etwas davon erzählt, weiß auch diese oft nicht, wie sie sich verhalten soll.

Die Reaktion „wichtiger Dritter" auf den sexuellen Mißbrauch beeinflußt stark dessen traumatische Auswirkung auf das Kind. Eine Freundin berichtete mir von der Reaktion ihrer Familie auf die Entdeckung, daß sie von einem Onkel belästigt worden war. Als ihr Vater dahinter kam, nahmen er und ihre älteren Brüder sich den Onkel vor, schlugen ihn zusammen und zwangen ihn, sich bei ihr zu entschuldigen. Diese Reaktion ihrer Familie beschämte sie noch mehr als der Vorfall selbst. Sie führte dazu, daß sie versuchte, ihn so schnell wie möglich zu vergessen. Wenn eine Frau, die vergewaltigt wurde, einen Mann hat, der überreagiert oder sich nicht hinter sie stellt, kann auch das die Heilung erschweren. In vielen Fällen sind Vergewaltigungsopfer versucht, lieber zu schweigen, als das Risiko übersteigerter Reaktionen ihrer Angehörigen einzugehen.

Im anderen Extremfall schaffen viele Familien eine Umgebung, in der es unmöglich ist, über sexuelle Angelegenheiten zu sprechen, so daß – wenn ein Kind belästigt wird oder dem

Inzest zum Opfer fällt – die Regel „Über so etwas spricht man nicht" ausgelegt wird als „So etwas erzählt man nicht". Das Kind fürchtet sich vor den Folgen, wenn es erzählt, was geschehen ist, besonders wenn der Täter ein Familienmitglied oder ein enger Freund war. Mütter, die ihrer Tochter nicht glauben, wenn sie von einem Mißbrauch erzählt, zwingen die Scham und das Trauma unter die Oberfläche und begünstigen damit möglicherweise sogar den fortgesetzten Mißbrauch. Wenn das Kind den Vorfall unterdrückt, kommt er im späteren Leben in Form eines posttraumatischen Streßsyndroms wieder zum Vorschein. Das inzwischen erwachsene Kind kann beim Geschlechtsverkehr Abwesenheit, emotionale Taubheit oder Scham empfinden. Der ungelöste Schmerz des Mißbrauchs wird immer noch mit Sex und Sexualität in Zusammenhang gebracht.

Erwachsene, die als Kinder nachts im Schlaf mißbraucht wurden, können Schwierigkeiten mit dem Einschlafen haben. Sie durchleben immer wieder ihre ungelöste Angst aus der Kindheit, aber sie wissen es nicht. Alles, was sie in der Gegenwart bewußt oder unbewußt an die schmerzhafte Vergangenheit erinnert, kann die posttraumatische Streßreaktion auslösen.

Ein weiterer wichtiger Faktor, den wir bedenken müssen, ist, daß die Tiefe der Verletzung des Opfers stark von der Identität der Person abhängig ist, die den sexuellen Mißbrauch begeht. Je näher man dem Täter steht, desto tiefgreifender sind die Folgen. Aus diesem Grund ist Inzest besonders verheerend. Weil Eltern einen ungeheuren Einfluß auf das Leben eines Kindes haben, wird ein inzestuöser Elternteil die Vorstellung eine Kindes davon, was Liebe ist und was nicht, gründlich durcheinander bringen. Die Gefühle, die ein Kind in dieser Situation empfindet, sind so überwältigend, daß das Opfer oft infolgedessen versucht, der schrecklichen Furcht und Verwirrung durch innere Entfernung und Dissoziation von dem Akt des Inzest zu entkommen. Dissoziation ist der Versuch, sich selbst emotional von einem Erlebnis abzuscheiden, indem man sich vormacht, es geschehe gar nicht, während der Handlung über irgend etwas anderes phantasiert oder versucht, das Bewußtsein vom eigenen Selbst zu trennen – die Handlung wie ein Außenstehender zu beobachten.

Wiederholter oder ritueller sexueller Mißbrauch kann zu Persönlichkeitsspaltung führen – einer Störung, die durch das Vorhandensein zweier oder mehrerer verschiedener Persönlichkeiten gekennzeichnet ist, von denen jede ein relativ beständiges Wahrnehmungs-, Verhaltens- und Denkmuster gegenüber der Umwelt und sich selbst aufweist. Vereinfacht ausgedrückt, versucht ein mißbrauchtes Kind, einer überwältigenden Wirklichkeit zu entfliehen, indem es eine andere Wirklichkeit erschafft – ein anderes „Selbst", um mit dem Schmerz fertig zu werden. Unser Verstand kennt einzigartige Wege, uns von der Wirklichkeit zu lösen, wenn es zu schmerzhaft für uns wäre, uns ihr zu stellen.

Sexueller Mißbrauch in der frühen Kindheit oder auch im Erwachsenenalter erfordert eine gründliche Untersuchung und Heilung. Da sind Erinnerungen, denen man sich stellen und deren Macht man brechen muß. Die Überlebenden müssen erkennen, wie vergangene Ereignisse die gegenwärtigen Umstände beeinflussen, damit sie ungesunde Bindungen lösen können. Sich schmerzlichen Erinnerungen zu stellen ist eine notwendige Übung. Wenn wir das nicht tun, lassen wir zu, daß sie uns weiter beherrschen.

Andere Reaktionen

Opfer von Mißbrauch können auch eine Streßreaktion ohne Verzögerung erleiden. Manche haben mit ihrem Versuch, zu vergessen, keinen Erfolg; der Schmerz und die Erinnerung weigern sich zu verschwinden. Wenn das geschieht, wird die natürliche Neigung des Körpers, zu vergessen, durch Zwanghaftigkeit ersetzt. Die Gedanken werden verzehrend und quälend, und man findet keinen Frieden mehr. Ich erinnere mich lebhaft an den lähmenden Schmerz und Schock einer Frau, deren Mann sie nach dreißigjähriger Ehe verlassen hatte. Er hatte in einer anderen Stadt eine andere Familie und hatte die ganze Zeit über ein Doppelleben geführt!

Sie konnte es absolut nicht glauben. Sie konnte nicht schlafen, wurde emotional taub und fing an, Dinge zu verlegen. Ihr Denken kreiste immer wieder um die Worte seines Abschiedsbriefes. Sie fühlte sich schuldig und dachte: „Hätte ich nur irgend etwas anders gemacht, dann hätte er mich nicht verlassen." Sie durchlitt eine akute traumatische Streßreaktion. Die Erinnerungen hatten ihr Leben fest in der Hand.

Versetzte Liebhaber, Opfer von Untreue und andere verletzte oder mißbrauchte Personen können eine solche Reaktion durchleben, in der die Erinnerungen einfach nicht weichen wollen. Auch sie brauchen Heilung für ihre schmerzhaften Erinnerungen, um wieder Frieden zu finden.

Wenn der Verletzte das Ereignis immer wieder durchkaut, kann das zu Bitterkeit führen. Noch nach vielen Monaten war Joe bitter und bedrückt von der Erinnerung daran, wie er seinen besten Freund mit seinem Mädchen beim Geschlechtsverkehr ertappt hatte. Er nahm sich ständig vor, es ihm heimzuzahlen, und stellte sich vor, wie er das machen würde. Solches Verhalten verstärkt Urteile und Vorsätze und gibt der schmerzhaften Erinnerung noch mehr Nahrung. Wenn diese Erinnerung nicht verheilen kann, wird sie bei Joe eine unauslöschliche falsche Prägung hinterlassen. Er wird versucht sein, Liebe nur zu geben, um Sex zu bekommen, um sich zu rächen. Das wird er tun, um sein Gefühl, beraubt worden zu sein, zu beschwichtigen. Oder er wird kodependent gegenüber einem Menschen, der ihm den Sex gibt, um den er sich betrogen fühlt. Seine Reaktion wird davon abhängen, was er sich selbst innerlich sagt. In jedem Fall wird er in der Sexualität nicht die gesunde Freude finden, die er sich wünscht.

Die Heilung der Erinnerungen

Unverheilte Erinnerungen sind vermutlich die häufigste einzelne Ursache für sexuelle Störungen bei Männern und Frauen. Die Erinnerungen können von einer Anzahl verschiedener verletzender Situationen innerhalb oder außerhalb der Ehe herrühren:

▷ Vergewaltigung
▷ sexuelle Verfolgung
▷ Belästigung
▷ Analverkehr
▷ Sex unter Zwang oder Druck
▷ vulgäres Scherzen oder Necken
▷ Einstellungen in der Familie
▷ Sex im Zorn
▷ beschämender Sex
▷ Ehebruch
▷ Inzest
▷ ritueller sexueller Mißbrauch
▷ sexuelle Bloßstellung durch andere oder durch sich selbst
▷ Untreue
▷ Ansteckung mit einer Geschlechtskrankheit
▷ obszöne Anrufe
▷ unangemessene Berührungen

Die mit der Erinnerung verbundenen Schmerzgefühle müssen ins Freie. Die Erinnerung an das, was man gerochen, gespürt oder geschmeckt hat, wird normalerweise gleich bleiben, doch die negativen Emotionen, die sich mit dem Ereignis verbinden, können verändert werden. Außerdem müssen unsere inneren Urteile und Vorsätze bezüglich des Ereignisses überprüft und verändert werden. In ihnen spiegelt sich normalerweise nur unser Schmerz, nicht unser Herz.

Für die Heilung der Verletzung ist es notwendig, daß wir uns nicht nur dem Fehlverhalten anderer stellen, sondern auch unserem eigenen. Sie müssen sich selbst die Erlaubnis geben und den Mut fassen, sich daran zu erinnern, was geschehen ist und wie Sie darauf reagiert haben. Die folgenden Schritte haben sich für viele, die sich ihren Verletzungen stellen wollten, als hilfreich erwiesen.

1. Laden Sie die Erinnerungen ein. Haben Sie keine Angst vor alten Erinnerungen. Wenn Sie sich mit jemandem, dem Sie vertrauen, an einem sicheren Ort befinden, können Sie jetzt bewältigen, was damals zuviel für Sie war. Tränen und Gefühle werden kommen, doch dieses Mal können sie vergehen und brauchen nicht zurückzukommen.

2. Suchen Sie sich einen engen Freund oder einen qualifizierten christlichen Therapeuten, der Ihnen helfen kann. Wenn die Erinnerungen zahlreich sind und der Schmerz stark ist, werden Sie beides brauchen. In einem Gedicht von T. Blake heißt es:

Ich suchte meine Seele,
doch meine Seele konnte ich nicht sehen;
ich suchte meinen Gott,
doch mein Gott ließ sich nicht erkennen;
ich suchte einen Freund
und fand alle drei.

Viele Opfer von Inzest und rituellem Mißbrauch haben Freunden und Ratgebern unendlich viel zu danken, die genug Anteil an ihnen nahmen, um mit ihnen gemeinsam mit Unterstützung und Gebet die Erinnerungen aufzuarbeiten. Eine Therapeutin in unserem Beratungszentrum hat das für andere getan, auch wenn es für sie und ihre Familie mit großen Opfern verbunden war. Gott sorgt immer für Menschen, die Anteil nehmen, aber Sie müssen das Risiko eingehen, nach solchen Menschen zu suchen und sie um Hilfe zu bitten.

3. Laden Sie Jesus ein, die Erinnerung mit Ihnen zu teilen. Sie brauchen nicht nur andere Menschen, Sie brauchen *ihn.* Er wird ihnen den richtigen Blickwinkel auf das schenken, was geschehen ist und was geschehen muß. Er wird Ihnen auch die Kraft zur Heilung geben. Wenn Sie Jesus in Ihre Erinnerung einladen, kann es sein, daß dabei Ihr Zorn auf ihn zum Vorschein kommt, weil er Sie nicht beschützt hat. Wenn das geschieht, haben Sie keine Angst, mit ihm darüber zu reden.

4. Sagen Sie ihm ehrlich, wie Sie sich fühlen. Gesunde Beziehungen erfordern Ehrlichkeit. Ich war noch nie von dem Ergebnis enttäuscht, wenn ich mit Jesus ehrlich über meine Wunden gesprochen habe. Sie können ihm rückhaltlos alles sagen. Er wird davon weder peinlich berührt noch abgestoßen sein. Manche sagen: „Wozu ihm etwas erzählen? Er weiß es ja schon!" Doch Beziehungen beruhen auf Interaktion und Kommunikation, nicht auf Gedankenlesen. Indem Sie sich bei ihm aussprechen, bauen Sie die Beziehung zu ihm auf und gewähren ihm Zugang zu Ihren tiefsten Bedürfnissen.

5. Finden Sie heraus, wo das Fehlverhalten liegt. Das Fehlverhalten zu erkennen ist notwendig, damit es losgelassen und aufgearbeitet werden kann. Wenn Sie sich ihren schmerzhaften Erinnerungen und Wunden stellen, achten Sie darauf, sorgfältig zwischen Ihren eigenen Sünden und falschen Reaktionen und den gegen Sie gerichteten Sünden und Verstößen anderer zu unterscheiden. Suchen Sie keine Ausreden für diejenigen, die Ihnen Schmerz zugefügt oder Ihre Wünsche verletzt haben. Sie müssen der Wirklichkeit ins Auge sehen, bevor Sie Heilung finden können. Suchen Sie auch keine Ausreden für sich selbst. Der Schmerz der Selbsttadelung wird wieder vergehen, wenn Sie Ihre wahre Verantwortung akzeptieren und an Gott abgeben. Es ist kein Beinbruch, etwas falsch gemacht zu haben; niemand ist vollkommen. Bitten Sie Jesus, Ihnen Ihre Fehler zu zeigen und Sie zu korrigieren.

6. Überprüfen Sie Ihre innere Reaktion auf das Ereignis, indem Sie aufdecken, welche Urteile Sie gefällt haben, und die Vorsätze herausfiltern, die Sie gefaßt haben. Wie haben Sie die Situation beurteilt? Haben Sie fälschlicherweise alle Schuld auf sich genommen? Sie auf andere geschoben? Auf Gott? Zu welchem Urteil über sich selbst sind Sie gekommen? Daß Sie zu schwach seien? Daß Sie es nicht anders verdient hätten? Daß Sie nicht gut genug seien? Unfähig oder minderwertig? Dumm? Zu welchem Urteil über Sex sind Sie gekommen? Halten Sie Sex für schmutzig? Schlecht? Ekelhaft? Schändlich? Zu welchem Urteil über die andere Person sind Sie gekommen? Über das andere Geschlecht? Waren all Ihre Beurteilungen absolut zutreffend, oder spiegelte sich darin eher die Reaktion eines verletzten Menschen wider?

Wenn Ihre Beurteilungen sachlich falsch oder auch nur von der Einstellung her richtend waren, müssen Sie sie widerrufen und sich der Wahrheit zuwenden. Die falschen Beurteilungen sind schwere Steine in Ihrem negativen Eimer. Sie müssen auch die Vorsätze oder Versprechungen herausfiltern, die Sie sich infolge der Ereignisse selbst gegeben haben. Haben Sie sich Genugtuung geschworen? Oder haben Sie sich vorgenommen, dafür zu sorgen, daß niemand Sie je wieder verletzen kann? Wenn Sie Ihre Vorsätze und Urteile betrachten, widerrufen Sie die ungesunden darunter, die Ihnen und anderen Schmerz zugefügt haben.

7. Vergeben Sie sich selbst. Vergebung bedeutet nicht, so zu tun, als sei nichts geschehen. Vergebung ist die volle Erkenntnis des Fehlverhaltens und die bewußte Entscheidung, die gerechte Strafe nicht zu vollziehen. Und Vergebung ist die Voraussetzung dafür, daß der Schmerz gelöst werden kann. Bitten Sie Gott um Vergebung dafür, was Ihre Urteile und Vorsätze Ihnen selbst und anderen angetan haben. Er hört und antwortet immer. Besonders dann, wenn wir für unsere eigenen Taten die volle Verantwortung übernehmen.

8. Vergeben Sie denen, die Ihnen Schmerz zugefügt haben. Ein Pastor, mit dem ich befreundet bin, sagte einmal: „Alle Vergebung befreit uns von der Vergangenheit. " Sie werden nicht vollkommen frei von der Vergangenheit sein, solange Sie denen nicht vergeben, die Ihnen Schmerz zugefügt haben. Das bedeutet nicht, daß Sie sich der betreffenden Person gegenüber wieder in dieselbe verwundbare Position begeben müssen. Im Gegenteil, wenn die andere Person sich nicht wirklich verändert und um Vergebung gebeten hat, könnte es sich verhängnisvoll auswirken, wenn Sie sich ihm oder ihr erneut aussetzen. Insbesondere Opfer von sexuellem Mißbrauch sollten sehr vorsichtig damit sein, die Beziehung zum Täter wieder aufzunehmen oder aufrechtzuerhalten, es sei denn, beide haben mit Hilfe eines Lebensberaters oder Seelsorgers einen formalen Versöhnungsprozeß in Angriff genommen. Gott kann Sie in der Frage leiten, ob Sie einen solchen Weg beschreiten sollten oder nicht, aber Sie werden in den seltensten Fällen wissen, ob Sie das tun sollen, solange Sie nicht zuerst vergeben haben. Vergebung klärt unseren Blick, indem sie unsere Motive reinigt.

Wenn jemand Sie so tief verletzt hat, daß Sie nicht glauben, ihm jemals vergeben zu können, bitten Sie Jesus um seine Hilfe. Er versteht Sie. Achten Sie darauf, sich nicht selbst die Erlaubnis zu geben, lange Zeit in Verbitterung zu verharren, denn Verbitterung besudelt Sie und die Menschen in Ihrer Umgebung. Wenn die Verbitterung nicht weichen will, so beten Sie, fasten Sie, und suchen Sie sich jemanden, der Ihnen helfen kann, tiefer in diese Verbitterung hineinzublicken. Vielleicht ist da noch etwas anderes, das diese Gefühle bestärkt. Diesen Faktor müssen Sie entdecken, bevor die Befreiung eintreten kann.

Achten Sie auch darauf, daß Sie nicht zu schnell vergeben. Schnelle und leichte Vergebung drückt aus, daß die Verletzung minimal und die Auswirkungen kaum der Rede wert waren. Gehen Sie sicher, daß Ihnen völlig klar ist, wie sehr die andere Person Sie verletzt und nicht nur gegen Sie, sondern auch gegen Gott gesündigt hat. Gehen Sie sicher, daß

Sie die Tiefe der Schädigung emotional ganz erfaßt haben. Die Gefühle sind ein Zeichen dafür, daß Sie wirklich bis zum Boden des Eimers gegraben haben. Christen, Kodependente und „nette" Leute betrachten das Unrecht oft nicht gründlich genug, bevor sie vergeben, und das behindert die Heilung.

9. Bitten Sie Jesus, Ihnen Ihr Fehlverhalten zu vergeben. Es gibt zwei Wege, gegen Gott zu sündigen. Der eine besteht darin, einen klaren und willkürlichen Verstoß gegen das Gesetz Gottes zu begehen. Der andere besteht darin, falsch auf den Verstoß eines anderen zu reagieren. Beides wird Sie ins Straucheln bringen. Um in diesem Bereich Heilung zu erlangen, müssen Sie um Vergebung für Ihre falsche Reaktion auf das Unrecht des anderen bitten. Sind sie bitter geworden? Rachsüchtig? Verführerisch? Promiskuitiv? Ihr Fehlverhalten mag angesichts der Umstände vollkommen verständlich sein, aber es ist immer noch falsch. Wenn Sie ein Fehlverhalten eingestehen, bedeutet das nicht, daß Sie ein schlechter Mensch sind, sondern nur, daß Sie jetzt die Verantwortung für etwas übernehmen, wozu Sie damals nicht fähig oder bereit waren.

10. Halten Sie Ausschau nach dem Guten daran. Das mag für Sie lächerlich klingen, aber jede Wolke hat einen Silberrand. Um etwas vollständig zu beurteilen, müssen Schaden und Nutzen sorgfältig abgewogen werden. Selbst aus grausamen und schmerzlichen Erfahrungen läßt sich Nutzen ziehen. Menschen, die mißbraucht worden sind, stellen, ebenso wie Überlebende aus Gefangenenlagern, häufig fest, daß ihr Charakter durch die Erfahrung gestärkt worden ist. Vielleicht hat ihr Leiden ihnen die Fähigkeit verliehen, scheinbar unerträgliche Umstände auszuhalten, und Menschen, die verletzt worden sind oder gelitten haben, bekommen vielleicht einen besseren Blick für andere Menschen und für das Leben. Welchen Nutzen hat Ihnen die Erfahrung gebracht? Wenn Sie Schwierigkeiten haben, Ihrem Schmerz irgend etwas Wertvolles abzugewinnen, bitten Sie Jesus, Ihnen zu helfen. Es kann auch sein, daß Sie mehr Zeit und Abstand von der Erinnerung und dem Schmerz brauchen, bevor das Positive daran sichtbar wird.

11. Danken Sie Jesus für seine Hilfe und Vergebung. Glauben Sie daran, daß er Sie erhört hat, und erkennen Sie, daß sich in Ihnen etwas verändern wird. Geben Sie nicht nach, und geben Sie nicht auf. Er tut es auch nicht.

Durch diese Erinnerungsarbeit unter Gebet sind viele zur Heilung gelangt. Wenn die Wunden verheilt sind, können wir uns und anderen gesündere Grenzen setzen. Wir können sowohl die Freude als auch die Heiligkeit der Sexualität annehmen. Viele von Ihnen werden in der Lage sein, wieder zu vertrauen, und zum ersten Mal auf gesunde Weise wirklich verwundbar sein können. Indem Sie Ihre schmerzhaften Erinnerungen überprüfen, können Sie Freiheit von Ihren heutigen Problemen finden, die auf der Vergangenheit beruhten. Die Heilung der schmerzhaften Erinnerungen hilft Ihnen, Ihre Unschuld wiederherzustellen.

Antworten auf weitverbreitete sexuelle Probleme

Es scheint, daß die meisten Menschen, die wir beraten oder kennen, irgendeine Art von sexuellem Konflikt oder Problem haben – normalerweise in der Form, daß jemand mehr, weniger oder anderen Sex will. Darum fallen sexuelle Probleme in zwei allgemeine Kategorien. Die erste umfaßt die Probleme, bei denen die Unfähigkeit, die eigene Sexualität auszuleben, das Leben eines Menschen beeinträchtigt. Die andere umfaßt die Probleme, bei denen die Unfähigkeit, das eigene Sexualverhalten zu begrenzen oder zu beherrschen, das Leben einer Person beeinträchtigt.

Ein Mensch, der Schwierigkeiten damit hat, alles anzunehmen, was ihm die Sexualität bieten könnte, kann unter Desinteresse, Schmerzen, Angst, Abneigung oder Unfähigkeit zum Orgasmus leiden. Die Fähigkeit zur sexuellen Betätigung ist beschädigt oder wurde nie voll entwickelt. Solche Menschen zeigen normalerweise ein kodependentes Sexualverhalten.

Bei denjenigen, die Schwierigkeiten mit der Beherrschung haben, hat eine Überbetonung oder Fehlentwicklung der Sexualität stattgefunden, die zu Zwanghaftigkeit oder Abartigkeit führte. Ihr Sexualverhalten ist zwanghaft.

Wie wir in den vorausgegangenen Kapiteln gesehen haben, wird unsere sexuelle Erfüllung in der Gegenwart durch unseren Familienhintergrund und unsere vergangenen Liebeserlebnisse bestimmt. Doch unsere sexuellen Probleme können auch dadurch neue Nahrung erhalten, wie der einzelne auf das wahrgenommene Problem reagiert. Wenn Probleme ignoriert oder verleugnet werden, fangen sie an zu faulen und verschlimmern sich – nur wenige Probleme ver-

133

schwinden von selbst. Doch wenn man ihnen ehrlich und unter Gebet entgegentritt, sind Heilung und Veränderung erreichbar.

In diesem Kapitel gebe ich eine kurze Beschreibung der häufigsten sexuellen Problembereiche und biete Einsichten in Heilung und Veränderung. Wo immer auch Ihre sexuellen Schwierigkeiten liegen mögen, sie werden höchstwahrscheinlich einem oder mehreren dieser Problembereiche zuzuordnen sein. Manchen mag ihr Problem schwerwiegend und überwältigend erscheinen, während es anderen nur lästig ist. Doch für beide liegt die Wiederherstellung darin, das Problem zuzugeben und sich dem Hintergrund zu stellen.

Orgasmusprobleme

„Ich kann keinen Orgasmus bekommen wie alle anderen", klagte Mary. Sie und Paul hatten schon alles versucht: Vibratoren, Pornofilme, die Kegel-Übung, sogar *Playgirl*. Einmal in den ersten Jahren ihrer Ehe hatten sie sogar an einen Partnertausch gedacht. Mary drückte es so aus: „Das ist für mich seit dem Beginn unserer Ehe ein Problem gewesen. Ich bin nicht gerne so, aber ich kann es nicht ändern. Ich bin hin- und hergerissen: Mal bin ich bereit, alles zu versuchen, was Paul vorschlägt; dann wieder will ich am liebsten das Wort Orgasmus nie wieder hören!"

Fehlender Orgasmus ist eine häufige Klage vieler Frauen. Die meisten Untersuchungen belegen, daß nicht weniger als die Hälfte aller Frauen keinen regelmäßigen Orgasmus hat. Sie haben Verlangen nach Sex und genießen ihn auch, werden sogar erregt, aber sie fühlen sich oft sexuell minderwertig oder gestört, weil es ihnen schwerfällt, einen oder gar mehrere Orgasmen zu haben, wie es nach allem, was sie lesen und hören, doch sein sollte. Das erhöhte Gewicht, das in den letzten Jahren auf den Orgasmus der Frau gelegt wurde, hat vielen Mut gemacht, sich dem Orgasmus zu überlassen, doch andere sind dadurch nur noch verlegener und unerfüllter geworden. Peinlicher oder enttäuschender Sex ist kein guter Sex; die Erwartung, einen Orgasmus erleben zu müssen, macht die Sache oft zur Arbeit statt zur Freude. Paul und Mary hatten Marys fehlenden Orgasmus zu einem lebenslangen Projekt gemacht – zu einem Projekt, daß ihr den Spaß am Sex gründlich verdarb und sie beide nicht zur Erfüllung kommen ließ.

„Haben Sie schon einmal daran gedacht, Ihr Bedürfnis nach einem Orgasmus loszulassen?" fragte ich.

Mary antwortete schnell: „Das würde ich liebend gern, wenn Paul mich ließe. Aber er meint, wir können keinen guten Sex haben, wenn ich keinen Orgasmus bekomme."

„Was meinen Sie, Paul? Hat Mary recht?"

„Ich möchte nicht, daß sie um das betrogen wird, was sie haben könnte. Ich glaube, wir haben es einfach noch nicht ernsthaft genug versucht. Sie hat diese Kegel-Übungen nie lange durchgehalten, und sie wollte es auch nicht ernsthaft mit Masturbation versuchen. Ich glaube, wenn sie nur diese beiden Dinge ausprobieren würde, würde alles funktionieren."

Mary brach in Tränen aus. „Warum müssen wir immer sagen, daß ich nur härter daran arbeiten muß, und dann wird es geschehen? Ich habe es versucht und versucht und versucht, und es hat nicht funktioniert. Ich habe es satt, es immer wieder zu versuchen, und ich habe genug vom Sex!"

Hoffnungsloses Schweigen erfüllte das Zimmer. Dies war ein alter Streit, der wieder aufgewärmt wurde und zu nichts führen konnte – er wollte mehr Bemühung, und sie wollte weniger Druck. Mary brach das Schweigen.

„Es tut mir leid. Ich habe einfach die Nerven verloren. Ich werde es noch einmal versuchen, wenn du möchtest."

„Mary, warum sind Sie bereit, etwas so Unangenehmes noch einmal zu versuchen?" fragte ich.

„Weil es Paul so wichtig ist. Ich möchte ihn nicht mehr enttäuschen. Ich weiß, daß es schwer ist, eine Frau zu haben, die keinen Orgasmus bekommt."

„Der wahre Grund, warum Sie sich all die Jahre soviel

Mühe gegeben haben, ist also, daß Sie Paul einen Gefallen tun wollen, nicht sich selbst?"

„Mir ist es nicht so wichtig, ob ich einen Orgasmus habe. Mir macht Sex trotzdem Spaß, aber ihm scheint es furchtbar viel zu bedeuten; also habe ich versucht, einen Orgasmus zu bekommen, um ihn glücklich zu machen."

„Ich glaube, das ist das Problem. Einen Orgasmus kann man nicht einem anderen zuliebe bekommen. Entweder, Sie tun es für sich selbst, oder es wird nicht funktionieren."

Mary war über ihre eigenen sexuellen Bedürfnisse und Verantwortlichkeiten in Verwirrung geraten. Sie hatte nie die Notwendigkeit gesehen, ihre eigene Sexualität durch den Orgasmus zu erfüllen. Für sie war Sex immer nur eine Verpflichtung ihrem Mann gegenüber gewesen, keine persönliche Erfüllung. Sie gab Sex, um Liebe zu bekommen. Es ist zwar bewundernswert, daß ihr Paul so wichtig war, daß sie versuchte, ihm zu gefallen, aber gleichzeitig war es eine fehlgeleitete Liebe. Damit Sex wirklich gesund und erfüllend sein kann, muß er auf Gegenseitigkeit beruhen. Nur in ganz seltenen Fällen kann es gesund und erfüllend sein, wenn man Sex gibt, nur um einem anderen zu gefallen und nicht auch sich selbst.

Mary erkannte ihren Irrtum schnell. Bei Paul war es jedoch etwas schwieriger. Bei ihm war das Kernproblem sein Minderwertigkeitsgefühl, das er empfand, wenn Mary keinen Orgasmus bekam. In Wirklichkeit wollte er ihren Orgasmus um seiner selbst willen. Er dachte, wenn er wirklich ein guter Liebhaber wäre, müßte er in der Lage sein, ihr oder jeder Frau einen Orgasmus zu verschaffen. Das ist ein verbreiteter Mythos, an den viele Männer glauben.

Nun gibt es gewisse Dinge, die ein Mann tun kann, um seiner Frau zu helfen – Verständnis, Fürsorge, Vorspiel und Aufmerksamkeit, um nur einige zu nennen. Verzicht auf Druck ist ein weiterer Punkt. Doch viele Frauen müssen, um einen Orgasmus zu bekommen, erst einmal den Wunsch haben, den Orgasmus für sich selbst zu erleben.

Wodurch wird die Orgasmusfähigkeit einer Frau beeinflußt? Kindheitserlebnisse, Geburten, richtiges Vorspiel, früherer Mißbrauch, Müdigkeit und innere Abwesenheit sind nur einige Punkte. Bei vielen Frauen ist die sexuelle Empfänglichkeit nicht so spontan vorhanden wie bei den Männern. Sie ist bei ihnen eher eine erlernte Reaktion, die sich im Laufe der Zeit entwickelt. Erste Liebeserlebnisse, Überzeugungen über Sex und der Einfluß der Eltern wirken sich ebenfalls auf die sexuelle Entwicklung und Orgasmusfähigkeit einer Frau aus. Das bedeutet, daß die Orgasmusfähigkeit unlösbar mit den Nuancen vergangener und gegenwärtiger Beziehungen verschränkt ist. Orgasmusstörungen müssen also von der Prägung her angegangen werden, die all diese Beziehungen hinterlassen haben.

Woran merken Sie, ob sie weiterhin auf einen Orgasmus hinarbeiten sollten oder nicht? Hauptsächlich durch Versuch und Irrtum. Haben Ihre wiederholten Versuche eher Druck erzeugt als Fortschritte, Zufriedenheit und Freude gebracht? Bedenken Sie, daß Sex mehr ist als nur ein Orgasmus. Er ist ein Ritual von Gefühlen, Berührungen, Empfindungen und Gemeinsamkeiten. Er ist dazu da, zwei liebende, einander verpflichtete Menschen enger und tiefer miteinander zu verbinden. Orgasmen sind ein Teil dieser umfassenden und verbindlichen Beziehung, aber nicht der einzige Teil. Viele Frauen, die keinen Orgasmus bekommen, können dennoch gesunden, sinnvollen und erfüllenden Sex erleben. Wie bei vielen Dingen im Leben kommt es nicht so sehr darauf an, *was* Sie tun, sondern *warum* Sie es tun.

Wenn Sie sich mit diesen Fragen auseinandergesetzt und es mit verschiedenen Übungen versucht haben und immer noch keinen Orgasmus erleben, sollten Sie daran denken, Ihre Bemühungen aufzugeben. Das heißt nicht, daß Sie niemals einen Orgasmus erreichen können, aber er kann nicht Ihr wichtigstes Ziel sein. Konzentrieren Sie sich statt auf Verhaltensänderungen auf die Wurzeln Ihrer sexuellen Entwicklung. Vielleicht kommt der Orgasmus, wenn Sie in diesen Bereichen eine Heilung erlangt haben.

Bei Mary und Paul hatte der Sex einen Keil in ihre Beziehung getrieben. Beide erkannten jedoch die Notwendigkeit einer Veränderung. Zu Anfang war es schwierig, doch sie erlangten Frieden, Freude und Erfüllung wieder. Sie setzten sich ein neues Ziel: einander sexuell zu genießen. Für sie bedeutete das weniger Druck mit mehr Dankbarkeit und Annahme für das, was gelang. Außerdem machte es Mary frei dafür, sich auf das zu konzentrieren, womit sie sich wirklich auseinandersetzen mußte – ihre Vergangenheit. Sie hatte ungelöste Beziehungsprobleme mit ihrer Familie und verbarg ein mächtiges Geheimnis in sich. Von ihrem zehnten Lebensjahr an war sie vier Jahre lang ein Opfer von Inzest durch ihren Halbbruder gewesen. Mary schämte sich dafür; nicht einmal Paul wußte davon. Durch die Auseinandersetzung mit ihrem beschämenden Geheimnis würde sie ihre Unschuld wiederherstellen und vielleicht auch die Freiheit zur Erfüllung im Orgasmus finden können.

Gehemmtes sexuelles Verlangen

Menschen, die kein Verlangen nach Sex verspüren, leiden an einer Sexualhemmung. Andere haben vielleicht Verlangen nach Sex oder zumindest keine Abneigung dagegen, aber sie haben Schwierigkeiten, in Erregung zu geraten. Darum geht es beim gehemmten sexuellen Verlangen. Jede dieser Erscheinungen kann körperliche Ursachen haben, so daß eine ärztliche Untersuchung oft notwendig ist, um der Sache auf den Grund zu gehen. Normalerweise liegt die Ursache jedoch nicht auf körperlichem, sondern auf emotionalem Gebiet.

Sexualhemmungen haben viel mit unserer familiären Umgebung und den Bindungsmustern aus unserer Kindheit zu tun. Wenn wir in der Vergangenheit Mißbrauch erlebt haben, wird das erheblich zu einem Mangel an Verlangen oder Erregungsfähigkeit beitragen.

Essen und ein Buch lesen waren Julias liebste Freizeitbeschäftigungen – Sex gehörte nicht dazu. Ihr Mann bestand auf einer Eheberatung und hoffte, dadurch ihre Situation zu verbessern. Auf die Frage nach Sex antwortete Julia: „Ich denke einfach nie an Sex, und wenn ich es doch tue, sagt irgend etwas in mir ‚Igitt!‘.“

Als Kind war Julia emotional vernachlässigt worden und hatte viele Stunden allein mit Essen und Lesen verbracht. Sie war auch zweimal von einem Nachbarn belästigt worden. Durch diese Erlebnisse war ihre sexuelle Entwicklung ins Stocken geraten. Um ihre Sexualhemmung zu überwinden, mußte sie die Vergangenheit aufklären und sich ihrer Sexualität stellen, der sie durch Essen und Bücher zu entfliehen versucht hatte.

Eine gehemmte sexuelle Erregungsfähigkeit dagegen zeigt sich vor allem durch die Unfähigkeit, beim Geschlechtsverkehr die Schwellung und Befeuchtung der Vagina aufrechtzuerhalten. Die Frau hat entweder Schwierigkeiten, eine feuchte Vagina zu bekommen, oder sie kann die Vagina nicht feucht halten. Irgendwie reagiert ihr Körper einfach nicht erregt auf sexuellen Kontakt. Diese Erscheinung kann auf körperlichen Ursachen wie etwa Hormonmangel beruhen, doch bei den meisten Frauen ist das Kernproblem eine sexuelle Schädigung oder eine gehemmte Entwicklung aufgrund unverarbeiteter Verletzungen durch vergangene sexuelle Erfahrungen.

Frauen, die kein Verlangen nach Sex oder Schwierigkeiten mit der Erregung haben, fällt es viel leichter, den Sex einfach zu ignorieren und zu hoffen, daß es bald vorbei ist. Doch ihre Ehe wird viel besser, wenn sich ein gesundes Sexualverhalten entwickelt. Es fiel Julia schwer, sich nicht nur den sexuellen Bedürfnissen ihres Mannes zu stellen, sondern auch ihren eigenen, aber es war notwendig – und heilsam. In ihrer Situation war der Druck ihres Mannes eine Hilfe, die Verleugnung zu durchbrechen, denn es wäre viel leichter für sie gewesen, weiterhin Romane zu lesen und zuviel zu essen.

Heilsamer Druck kann uns dazu bringen, uns unseren Unzulänglichkeiten zu stellen und verbindlich das zu tun, was zu einer Veränderung notwendig ist. Obwohl es nicht immer leicht ist, sich diesem Druck auszusetzen, ist es doch heilsam, mit uns selbst und unseren Grenzen zu kämpfen; es erinnert uns an unsere Menschlichkeit. Julia mußte mit ihrer Selbstverwöhnung und ihrem Fluchtverhalten kämpfen, weil sie sich selbst und anderen niemals eingestanden hatte, daß sie ein Problem hatte. Der Druck brachte die Wahrheit zum Vorschein.

Sobald ein Problem erkannt und die Verantwortung dafür übernommen ist, schenkt Gott die Kraft zur Veränderung. Mary mußte loslassen und ihre Orgasmusschwierigkeiten Gott überlassen. Sie hatte ihr Problem erkannt, mußte aber nun seine Lösung an Gott abgeben. Julia dagegen mußte sich erst einmal dazu bekennen, ein Problem zu haben, bevor sie es an Gott abgeben konnte. An diesem Punkt kann guter Rat helfen.

Impotenz

Bei Männern wird die gehemmte sexuelle Erregungsfähigkeit oft Impotenz genannt, was bedeutet, daß der Mann Schwierigkeiten hat, eine Erektion zu bekommen oder aufrechtzuerhalten. In den letzten Jahren ist das zu einem weitverbreiteten Problem geworden. Manche Fachleute vermuten, daß nicht weniger als einer von fünf Männern irgendwann in seinem Leben Phasen der Impotenz durchmacht.

Alkoholgenuß, beruflicher Streß und Übergewicht sind entscheidende Faktoren dabei, neben körperlichen Ursachen wie zum Beispiel Diabetes. Doch die eigentliche Ursache hat normalerweise mit *Verärgerung* und *Resignation* zu tun. Die Verärgerung richtet sich normalerweise gegen die Ehefrau, und die Resignation bezieht sich im allgemeinen auf den Gedanken, daß sie und das Problem sich nie ändern werden. Impotenz kann seine Methode sein, sie zu bestrafen, ohne sich offen mit dem Konflikt auseinandersetzen zu müssen.

Daneben kann Impotenz auch eine Reaktion auf den Leistungsdruck sein, dem seine Frau ihn oder dem er sich selbst aussetzt. Eine gelegentliche Unfähigkeit zur Erektion ist nichts Ungewöhnliches, besonders bei Männern, die sich der Lebensmitte nähern. Wenn sich jedoch mit der sexuellen Leistung Angst oder Druck verbinden, droht Impotenz. Walter hatte Schwierigkeiten damit, in Erregung zu geraten, und auch damit, seine Erektion aufrechtzuerhalten. Das Problem trat nicht immer auf, aber es schien sich zu verschlimmern. Seine Frau Karen beklagte sich bitterlich über seinen Mangel an Zuneigung, Aufmerksamkeit und sexueller Zuwendung. Außerdem beklagte sie sich auch über alles andere, besonders über seine Art, mit Geld umzugehen. Hier lag ein offensichtliches Eheproblem vor. Ich überwies Walter an einen Arzt in seiner Nähe, um einen Impotenz-Test durchführen zu lassen. Das ist ein Test, durch den überprüft wird, ob ein Mann während der Nacht Erektionen hat oder nicht. Wenn das der Fall ist, kann man zuversichtlich davon ausgehen, daß die Impotenz auf emotionalen Faktoren beruht, nicht auf körperlichen. Hat er jedoch keine nächtlichen Erektionen, ist das Problem organisch.

Wir riefen an und ließen uns einen Termin für Walter geben, aber er ging nicht hin. Er kam auch einige Monate lang nicht mehr in die Beratung – nur eine neue Ehekrise brachte ihn wieder zurück. Ich fragte ihn, warum er sich nicht dem Test unterzogen hatte.

„Ich hatte zuviel zu tun", murmelte er.

Ich bohrte nach. „Walter, ich weiß, daß mehr dahinter steckt, als daß Sie zuviel zu tun hatten. Sagen Sie mir, was Sie wirklich denken und fühlen."

Er spielte mit seinem Kugelschreiber herum und sagte stockend: „Sie bringt mich in Verlegenheit."

Walter war ein riesiger Mann; er wog beinahe dreihundert Pfund und hatte Hände wie Baseballhandschuhe. Es war schwer, sich vorzustellen, wie dieser Riese von einem Mann sich von seiner kleinen, lebhaften Frau in Verlegenheit bringen ließ.

„Wie bringt sie Sie in Verlegenheit?"

„Sie sagt, ich mache es nicht richtig."

„Sie sagt, Sie machen den Sex nicht richtig?"

„Ja."

„Was machen Sie falsch?"

„Alles."

Als wir in die Einzelheiten gingen, wurde deutlich, daß Karen ihrer Neigung zur Kritik auch im Schlafzimmer freien Lauf ließ. Walter konnte ihr nichts recht machen. Je mehr Mühe er sich gab, desto mehr machte er falsch und desto mehr kritisierte sie ihn. Es war ein Teufelskreis.

Er wollte den Impotenz-Test nicht machen, weil er wußte, wie das Ergebnis aussehen würde; und dann würde er sich mit ihr und der Wahrheit auseinandersetzen müssen, daß er nicht mit ihr schlafen wollte. Der Geschlechtsverkehr verursachte ihm einfach zuviel Angst. Er tat ihm weh statt wohl. Da er ihr Sex nur gab, um sie loszuwerden, hatte er ein kodependentes Verhaltensmuster angenommen.

Was Walter und Karen brauchten, war eine Lösung für ihre Eheprobleme. Er war passiv, sie war aggressiv, und beide waren aus der Bahn geraten. Als sie sich mit den negativen Verhaltensmustern in ihrer Ehe auseinandersetzten, verbesserte sich auch ihre sexuelle Gemeinschaft. Doch der wirkliche Durchbruch kam erst, als Walter fähig wurde, sich mit seiner eigenen belastenden sexuellen Vergangenheit zu befassen.

Als er klein war, hatte ihn ein männlicher Babysitter belästigt. Walter hatte das Erlebnis völlig vergessen, bis er in meine Beratung kam und ich ihn aufforderte, seine persönliche sexuelle Geschichte niederzuschreiben.

Nachdem er zu einem Termin nicht erschienen war, rief ich ihn an. Am Telefon sagte er: „Ich kann nicht wiederkommen und über diese Dinge reden!"

„Warum nicht, Walter?" fragte ich.

„Weil es zu peinlich ist."

Wieder einmal zeigte sich das Problem der Peinlichkeit und Verlegenheit. Um ihn zu ermutigen, erzählte ich ihm davon, wie ich selbst früher mit meiner Sexualität nicht zurechtgekommen war und jemanden gebraucht hatte, dem ich vertrauen konnte. Er erklärte sich bereit wiederzukommen, und wir konnten uns endlich mit der Belästigung und den dadurch entstandenen Schamgefühlen auseinandersetzen. Sexueller Mißbrauch, Belästigungen, Inzest oder auch nur sexuelle Experimente in der Kindheit können Schamgefühle erzeugen, die wir mit ins Erwachsenenalter bringen. Männer und Frauen, die an gehemmtem sexuellem Verlangen oder gehemmter Erregungsfähigkeit leiden, müssen in ihrer Vergangenheit nach den Wurzeln ihrer Schamgefühle forschen, durch die sie heute beeinflußt werden.

Sucht und sexuelle Probleme

Impotenz bei Männern hängt häufig mit Alkoholismus und Drogensucht zusammen. Der Alkohol baut das männliche Hormon Testosteron ab und erzeugt so die Impotenz. Gewisse Drogen beeinträchtigen ebenfalls die körperliche Leistungsfähigkeit. Menschen, die sich gerade von der Alkohol- oder Drogensucht befreit haben, und ihre Ehepartner müssen Geduld haben, denn es dauert einige Zeit, bis der Körper sich erholt. Möglicherweise müssen auch zuerst Beziehungsprobleme aufgearbeitet und Dinge vergeben werden, bevor es mit dem Sex wieder klappt.

Promiskuität geht Hand in Hand mit Sucht, da durch sie Schuld- und Schamgefühle zu einem großen Problem werden. Die Sucht kann manche dazu veranlaßt haben, andere zu verletzen, Ehebruch zu begehen, an beschämenden Praktiken teilzunehmen oder allgemein die Gabe der Sexualität zu mißbrauchen. Für die Heilung von der Sucht kann es notwendig sein, beträchtliche Zeit und Mühe darauf zu verwenden, die sexuelle Vergangenheit aufzuarbeiten. Sowohl die Wunden, die man anderen zugefügt hat, als auch die, die man sich selbst beigebracht hat, müssen verheilen, bevor man im Sex wieder Erfüllung finden kann.

Auf der anderen Seite scheinen manche süchtige Menschen auf dem Weg der Heilung gar nicht genug Sex bekommen zu können. Sie neigen dazu, den Mangel an Alkohol oder Drogen durch sexuellen Trost zu ersetzen. Solchen Menschen fällt Abstinenz oder Mäßigkeit schwer, da sie im tiefsten Inneren einen Trost brauchen, den ihnen nur Gott geben kann. Wenn sie weiterhin versuchen, dieses verzweifelte innere Bedürfnis durch Menschen, Sex, Orte oder Sachen zu befriedigen, werden sie immer süchtig und ohnmächtig bleiben. Der Heilige Geist stillt die Ängste und bringt Frieden. Alkohol, Drogen oder andere Ersatzbefriedigungen betäuben nur den Schmerz oder verschaffen momentanes Vergnügen.

Süchtige Menschen auf dem Weg der Heilung brauchen normalerweise eine Wiederherstellung ihrer Unschuld, denn die verlorene Unschuld ist eine der wichtigsten Ursachen für den Rückfall.

Vorzeitige Ejakulation und gehemmter männlicher Orgasmus

Dies sind zwei weitere Erscheinungen, die für Männer zum Problem werden können. Gehemmter männlicher Orgasmus kommt weniger häufig vor als vorzeitige Ejakulation. Bei der ersteren Erscheinung ist ein Mann zwar in der Lage, erregt zu werden und sogar eine Erektion aufrechtzuerhalten, aber er kann keinen Orgasmus erreichen. Der Verführer Don Juan soll Schwierigkeiten mit dem Orgasmus gehabt haben. Viele Männer bewundern im stillen diese Fähigkeit, eine Erektion über lange Zeit aufrechtzuerhalten, erkennen dabei aber nicht, daß lange anhaltende Erektionen ohne Orgasmus schmerzhaft sein können und den Geschlechtsverkehr unbefriedigend machen.

Das Don-Juan-Bild eines Mannes, der fähig ist, Frauen zu erobern, kann die Wurzel dieses Problems sein. Allzuoft verbirgt sich hinter der mangelnden Fähigkeit zum Orgasmus eine unverarbeitete ängstliche oder zornige Einstellung gegenüber Frauen. Der Mann sehnt sich nach der Hingabe der Frau, kann sich aber seinerseits nicht hingeben. Er kann sich nicht verwundbar machen. Darum ist Vergewaltigung richtiger als Akt des Zorns zu verstehen denn als Akt der Begierde. Der Vergewaltiger verspürt ein mächtiges Bedürfnis, eine Frau zu erobern, da sein sexuelles Verlangen sich mit seinem Zorn und seinen Urteilen gegen Frauen sowie mit seinen unverarbeiteten Gefühlen bezüglich seiner eigenen Männlichkeit verwoben hat.

Das zweite Problem, die vorzeitige Ejakulation, ist bei Männern sehr häufig. Es ist die Unfähigkeit, den Orgasmus lange genug zu beherrschen, um den Geschlechtsverkehr zu vollenden.

Bill sagte mir einmal während der Sprechstunde: „Jedesmal, wenn ich in meine Frau eindringe, verliere ich sofort die Beherrschung und ejakuliere." Bei vielen Männern hat sich dieses Muster der schnellen Entspannung durch Pornographie und Masturbation im Jugendalter entwickelt. Selbstbefriedigung wirkt schnell und mächtig, und auf diese Weise trainierten sie sich darauf, den Orgasmus schnell nach der Erregungsphase zu erreichen. Dieses Muster kann sich so einschleifen, daß es bis in die Ehe Bestand hat.

Weitere Ursachen für vorzeitige Ejakulation sind Angst oder Zorn gegenüber Frauen; Leistungsangst, bei der ein Mann so viel Angst davor hat, seine Frau zu enttäuschen oder abzustoßen, daß er den Sex so schnell wie möglich hinter sich bringen möchte; oder – wenn ein Mann mit einer gehemmten Frau verheiratet ist – er erlernt das Muster des schnellen Sex und des vorzeitigen Orgasmus vielleicht durch die Teilnahmslosigkeit seiner Frau. Auch zwanghaftes Sexualverhalten kann zur vorzeitigen Ejakulation führen oder sie verstärken, indem der Mann sich zu sehr auf die orgasmische und sinnliche Wirkung des Liebesspiels konzentriert und nicht genug auf den Beziehungsaspekt.

Welches Motiv auch immer dahinter steht, vorzeitige Ejakulation hängt damit zusammen, daß man Frauen als Objekte der sexuellen Befriedigung statt als intime Partner ansieht. Die zu schnelle Lösung ist die Art des Körpers, sein Unbehagen mit längerwährender Intimität auszudrücken.

Um gegen die vorzeitige Ejakulation anzugehen, versuchen viele Männer, an etwas anderes zu denken, das ihre Erregung mildert. Doch das ist nicht ratsam, ja sogar schädlich für die sexuelle Intimität. Eine bessere Lösung ist eine Technik namens „Druckkontrolle", die von beiden Partnern gemeinsam praktiziert werden kann. Konsequent durchgeführt, wird diese Methode normalerweise das Problem überwinden. Die meisten Paare, die nicht damit fertig werden, wenden nicht genug Zeit und Mühe auf diese Technik auf, um die sexuelle Reaktionszeit des Mannes umzutrainieren.

Abgesehen davon, daß sie das Problem löst, hat diese Technik noch einen weiteren Nutzen. Sie baut die Intimität auf. Durch das Eingeständnis des Mannes, verwundbar zu sein, und die Bereitschaft seiner Frau, ihn zu bestätigen und zu unterstützen, werden trennende Mauern allmählich eingerissen.

Schmerzhafter Geschlechtsverkehr bei Frauen

Schmerzen oder Scheidenkrämpfe während des Geschlechtsverkehrs sind zwei verbreitete Probleme bei Frauen. Da beides eine körperliche Ursache haben kann, wie zum Beispiel Hormonmangel oder Warzen in der Vagina, sollte eine Frau zuerst einen Arzt aufsuchen, bevor sie nach einer emotionalen Ursache sucht.

Wo eine körperliche Ursache ausgeschlossen ist, spricht man bei Schmerzen während des Geschlechtsverkehrs von einer funktionalen Dyspareunie. Diese Erscheinung hängt häufig mit in der Vergangenheit erlittenen Schmerzen zusammen. Wenn ein Penis in die Scheide eines kindlichen Inzest-Opfers eindringt, verursacht das körperliche Schmerzen. Diese Schmerzen setzen sich in der Erinnerung fort und werden normalerweise mit dem Geschlechtsakt selbst in Verbindung gebracht. Auch wenn die Erinnerung an den Mißbrauch verblaßt, bleibt die Erinnerung an den Schmerz lebendig.

Dieselbe Erscheinung kann zu Scheidenkrämpfen führen,

in der Fachsprache Vaginismus genannt. Die Muskulatur des unteren Drittels der Vagina verkrampft sich unwillkürlich während des Geschlechtsverkehrs, was ebenfalls Schmerzen und Unbehagen verursacht.

Diese Reaktion ist ein anschauliches Beispiel dafür, wie der Körper einer Frau sich gegen den Sex wehrt, obwohl sie sagt, daß sie Sex will.

Die bei den meisten Ärzten erhältlichen Vaginaldilatoren können helfen, das Problem zu überwinden. Doch normalerweise stecken auch emotionale Probleme dahinter, mit denen man sich befassen muß. Wenn wir ja sagen, und unser Körper sagt nein, dann ist da wahrscheinlich irgend etwas, das wir verdrängen möchten. Solche Probleme sind Signale, die eine Frau von ihrem Körper erhält, nach dem emotionalen Schmerz zu forschen, mit dem sie den Sex verbindet. Wenn man sich dem Mißbrauch oder den emotionalen Verklemmungen der Vergangenheit stellt und sie aufarbeitet, kann Sex in der Tat wieder zu einer erfüllenden statt einer angsterregenden oder schmerzhaften Sache werden.

Sucht nach Sex

Sexuelle Zwanghaftigkeit ist das wiederholte, rituelle und unbeherrschbare Ausleben sexueller Zwangsvorstellungen. Ryan masturbierte zwanghaft. So sehr er sich auch bemühte, er konnte sich nicht davon abhalten. Zudem nötigte er Ann, mit ihm zu schlafen, selbst wenn er wußte, daß sie keine Lust hatte. Immer wenn er eine Geschäftsreise antrat, „mußte" er vorher Sex haben. Sobald er nach Hause zurückgekehrt war, „brauchte" er wieder Sex. Sexuell zwanghafte Menschen riskieren Ablehnung, Schmerz und sogar juristische Probleme, um ihren sexuellen Impulsen nachzugeben.

Die Mittel, durch die Menschen sexuell zwanghaft werden können, sind vielfältig: Masturbation, Pornographie, Sexfilme, Fetischismus, Sadomasochismus, Prostitution, abartige Sexualpraktiken. Sexuell zwanghafte Menschen sind am treffendsten als Sexsüchtige zu bezeichnen. Statt ihre Sexualität zu beherrschen, lassen sie sich von ihr beherrschen. Wie eine Droge setzen sie Sex ein, um ihre Schmerzen zu betäuben, ihre Schamgefühle zu beseitigen und sich Trost zu verschaffen. Wenn es nicht funktioniert, verdoppeln die Süchtigen ihre Anstrengungen und versuchen es weiter, so daß sie sich in einen Teufelskreis aus vorübergehender Erleichterung und fortdauerndem Schmerz verstricken.

Die Wurzeln des Suchtverhaltens reichen tief in die Kindheit und die ersten sexuellen Erfahrungen eines Menschen hinein. Diese Menschen sind verwundet – sei es durch ihr eigenes Handeln oder durch das Handeln anderer. Und solange sie nicht Veränderung und Heilung erfahren, führt das normalerweise dazu, daß sie wiederum andere verwunden. Für sie ist Sex zu einer frustrierenden, leeren oder beschämenden Sache geworden, die ihnen Schmerz statt Freude bringt. Ihre Wunden müssen geheilt werden, damit sie ihre Sexualität so genießen können, wie Gott es vorgesehen hat.

Hoffnung

Wenn Sie auf sexuellem Gebiet zu kämpfen haben, wissen Sie, daß Hoffnung schwer zu finden ist. Nur zu oft sind Gleichgültigkeit, Groll, Zorn und Schmerz Ihre Begleiter. Doch da ich in meinem eigenen Leben und im Leben zahlloser anderer Menschen eine Veränderung gesehen habe, kann ich Ihnen Hoffnung machen. Die Einsichten und Schritte, die Sie in diesem Buch finden, können sich in Ihrem Leben heilsam auswirken, wenn Sie nicht aufgeben und nicht nachgeben. Die Bibel fordert uns auf: „Laßt uns aber Gutes tun und nicht müde werden; denn zu seiner Zeit werden wir auch ernten, wenn wir nicht nachlassen" (Galater 6,9). Das gilt auch für die Überwindung sexueller Probleme. Wenn Sie nicht müde werden, die Dinge zu praktizieren, die Ihnen Heilung bringen, dann wird Gott mit der Zeit Ihre Unschuld wiederherstellen.

148

Mit der Vergangenheit reinen Tisch machen: Müssen Sie wirklich darüber reden?

Es gibt unterschiedliche Meinungen darüber, ob man über seine sexuelle Vergangenheit mit einem anderen reden sollte oder nicht, besonders was das Fehlverhalten angeht. Ich selbst bin mir nie ganz sicher gewesen, was ich anderen raten sollte, bis ich mich in jener unvergeßlichen, kalten Winternacht meiner eigenen Vergangenheit stellen mußte. Nach einem langen, harten Tag sagte mein Bruder zu mir: „Weißt du, Al, das war das Merkwürdigste, das ich seit langem gesehen hatte."

Wir genossen das Ritual, einen langen Tag der Jagd damit zu beenden, uns rund um das abendliche Lagerfeuer Geschichten zu erzählen. Gary, ein Feuerwehrmann, fuhr fort: „Wir wurden morgens zu einer Unfallstelle gerufen, drüben, wo ihr früher gewohnt habt. Dieser Mann kam von der Arbeit nach Hause und schlief am Steuer ein. Bevor er aufwachte, war er über den Bürgersteig in einen Garten hineingefahren. Dabei überfuhr er auch ein Fahrrad, aber wir dachten uns im ersten Moment nicht viel dabei. Später dann sah einer der Männer, die an dem Wrack arbeiteten, etwas hinter den Büschen liegen. Es war ein Junge, der Zeitungen ausgetragen hatte. Der Mann in dem Lastwagen hatte den Jungen mitsamt dem Fahrrad überfahren und wußte es nicht einmal."

Ich spürte den Schmerz sofort. Mein Herz wurde schwer, und mir war zum Heulen zumute. Verwirrt fragte ich mich, warum mich diese Geschichte so mitnahm. Die Niedergeschlagenheit ließ allmählich nach, aber sie hörte nicht völlig auf. Wir unterhielten uns noch ein wenig, dann verabschiedete ich mich für die Nacht.

Als ich in meinem Schlafsack lag, spürte ich immer noch die innere Verletzung. Wieder rätselte ich, woher sie kam. Ich hatte ähnliche Geschichten schon zuvor gehört, ohne daß sie mich derart herunterzogen. *Warum diese?* betete ich und schlief ein.

Ich fuhr aus dem Schlaf hoch. Es war vier Uhr morgens und noch dunkel, aber ich war hellwach. Ich hatte einen Traum gehabt, der mich beunruhigte – so real war er gewesen. Ich redete mit dem Mann einer früheren Freundin vom College, und er sagte mir, wie meine Beziehung zu ihr sie und ihre spätere Ehe geschädigt hatte. Ich weinte, sagte, wie leid es mir tue, daß sie beide so teuer für meine Schwäche bezahlten mußten. Sie hatte mich sehr gern gehabt, aber ich hatte sie nicht gut behandelt. Ich hatte sie selbstsüchtig für meine eigene emotionale und sexuelle Erfüllung ausgenutzt.

Als ich da lag und darüber nachdachte, was ich ihr angetan hatte, kamen mir meine anderen Beziehungen in den Sinn, die ich vor der Ehe gehabt hatte. In vielen davon hatte ich mich selbstsüchtig und unzuverlässig verhalten und Liebe gegeben, um Sex dafür zu bekommen. Doch am schwersten wurde mir das Herz, als mir klar wurde, daß ich genau das gleiche auch meiner Frau angetan hatte. In den ersten Jahren unserer Ehe war ich ihr untreu gewesen, und ich hatte nie mit ihr darüber gesprochen. Scham überkam mich, als ich an meine Untreue dachte. Meine sexuelle Selbstsucht und besonders mein Ehebruch setzten mir hart zu.

Jetzt verstand ich, warum mich der Tod des Zeitungsjungen so sehr geschmerzt hatte. Er war ein Symbol für meine Vergangenheit, für den beschämenden Teil meiner selbst, den ich in den Büschen verborgen hatte, um ihn nie wieder zu offenbaren.

Der Schmerz wurde durch meine Scham und durch meine Angst vor Bloßstellung ausgelöst. Jetzt wurde ich entlarvt. Ich konnte meine Vergangenheit oder meine Schwäche nicht länger verbergen. Ich wußte, daß Gott das alles aus den Büschen ans Tageslicht hervorzerrte, damit ich es mir ansehen mußte.

Ich konnte nicht mehr einschlafen. Immer wieder kehrten meine Gedanken zur Vergangenheit zurück. Wie konnte jemand nur so rücksichtslos sein, wie ich es gewesen war? So betrügerisch, so schamlos? Als der Tag anbrach, war mir klar geworden, daß ich mich mit meiner Vergangenheit offen auseinandersetzen mußte. Gott redete zu mir und machte mir deutlich, daß ich mit Susan darüber sprechen sollte. Alle möglichen Ängste stiegen in mir auf. Was wird sie tun? Wird sie mich verlassen? Den ganzen Tag über kämpfte ich gegen die Ängste an.

Am späten Nachmittag kam ich nach Hause, und Susan wußte sofort, daß irgend etwas nicht stimmte. Ich war niedergeschlagen und konnte es nicht verbergen.

„Was ist los, Liebling?" fragte sie.

Ich suchte nach Worten. Was sollte ich sagen? Wie kam ich dazu, sie noch mehr zu verletzen, indem ich ihr davon erzählte? Zögernd und stockend kam die Wahrheit heraus.

„Wie konntest du nur?" rief sie.

Ich hatte keine Antwort, nur Schmerz um ihres Schmerzes willen; obwohl ich keine Angst mehr hatte, trauerte ich um die Trauer, die ich ihr verursacht hatte.

Wir redeten und beteten noch viel darüber. Ein paar Tage später sagte sie zu mir: „Liebling, ich vergebe dir, aber da ist immer noch ein Schmerz in meinem Herzen von alledem."

Ich wußte, was sie meinte. Ich legte ihr meine Hand aufs Herz und betete laut: „Jesus, ich bekenne dir noch einmal, daß ich gegen dich und Susan gesündigt habe, und ich bitte dich, in deiner Gnade die Wunde zu heilen, die ich ihr zugefügt habe. Danke, Herr, für deine Gnade und Heilung."

„Ich fühle mich besser. Der Schmerz ist weg!" rief Susan aus.

Wir konnten den Schmerz hinter uns lassen, und ich

151

wurde von meiner Scham befreit. Irgendwie fühlten wir uns einander näher, als wir es seit Jahren gewesen waren. Etwas Trennendes zwischen uns war beseitigt worden.

Sollten Sie darüber reden?

Meine persönliche Erfahrung hat mich ermutigt, vielen Menschen den Rat zu geben, ihre sexuelle Vergangenheit aufzuarbeiten, indem sie ihrem Ehepartner die Wahrheit darüber sagen. Einigen jedoch habe ich auch empfohlen, das nicht zu tun. Wie ein befreundeter Pastor aus Omaha mich erinnerte, ist das Reden über die sexuelle Vergangenheit eine heikle Sache. Es ist mächtig – es kann eine Ehe sowohl bereichern als auch zerstören. Ob es ratsam ist oder nicht, hängt davon ab, wo Sie in Ihrer Ehe stehen und was Gott Ihnen zeigt. Darum habe ich dieses Kapitel hier aufgenommen. Ich möchte einige Richtlinien aufzeigen, wann man daran denken sollte, über diese Dinge zu reden, und wann nicht. Außerdem möchte ich Ihnen praktische Hinweise geben, wie Sie darüber reden können. Auch wenn Sie über Ihre sexuelle Vergangenheit reden, erfordert es Weisheit, zu erkennen, was gesagt werden muß und was nicht.

Bitte machen Sie sich klar, daß es Konsequenzen hat, wenn Sie ein Geheimnis offenbaren. Ich mußte nicht nur die Verantwortung dafür übernehmen, daß ich Ehebruch begangen hatte, sondern auch für den Schmerz, den ich mit dieser Offenbarung auslöste. Das Geständnis meines Ehebruchs hätte unheilbaren Schaden anrichten und möglicherweise für meine Frau und unsere Ehe verheerende Folgen haben können.

Nach der letzten Sitzung eines Seminars über Heilung der Sexualität kam eine Frau in Tränen zu mir und fragte mich, ob sie mit ihrem Mann reden solle; in einem Moment der Schwäche hatte sie mit seinem Vetter die Ehe gebrochen. Ihr Mann war ein riesiger, kraftstrotzender Cowboy, dessen körperliche Überlegenheit weithin bekannt war. Andererseits war er gerade arbeitslos und hatte Probleme mit seinem

Selbstwertgefühl, und ihre Ehe stand auf schwankendem Boden. Sie hatte Angst, es würde ihn „umbringen", wenn er von ihrem Ehebruch erführe. Ich stimmte zu und ermunterte sie, sich gründlich von ihrem Pastor oder einem Seelsorger beraten zu lassen, bevor sie weitere Maßnahmen ergriff. Doch die Offenbarung des Geheimnisses hat auch ihren Nutzen. Durch mein Bekenntnis kamen Susan und ich in den Genuß einer besseren sexuellen Gemeinschaft und einer vertieften Intimität. Ich hatte keine Angst mehr vor der Vergangenheit oder davor, von Susan zurückgewiesen zu werden. Die Lösung meiner Schamgefühle gab mir eine neue Transparenz und versetzte mich in die Lage, zu ihr, zu mir selbst und zu anderen ehrlicher zu sein. Es brachte auch mehr Gegenseitigkeit und größere Erfüllung in unser Liebesleben. Das ist eine häufige positive Veränderung, von der die meisten berichten, nachdem sie sexuelle Geheimnisse und Schamgefühle aufgearbeitet haben.

Warum es wichtig sein kann, darüber zu reden

Geheimnisse und Schamgefühle aus der Vergangenheit behindern die Einheit und Intimität, die für eine gesunde Ehe notwendig sind. *Einheit* ist die Fähigkeit, zu Einigkeit und Übereinstimmung zu gelangen. Damit meine ich keine Gleichheit, sondern eine einander ergänzende Unterschiedlichkeit, die in Ziel, Wertvorstellung und Richtung vereinigt ist. Wenn zwei Menschen nicht eins miteinander sind, dann sind sie kein gesundes Team für die Kindererziehung, den Liebesakt oder irgendeine andere gemeinsame Aufgabe.

Intimität ist die grundlegende Erfahrung zweier Seelen, die sich berühren, zweier Geister, die sich miteinander verbinden, oder auch zweier Körper, die sich vereinigen. Sie ist ein machtvoll bereicherndes Gefühl, das unsere Einsamkeit überwindet und uns näher zueinander zieht, uns in Fühlen und Wollen einiger macht. Doch Intimität ist noch mehr als das.

Intimität meint die völlige Offenlegung unseres innersten Wesens – eine äußere Transparenz unserer inneren Gedanken und Gefühle darüber, wer wir sind, wer wir waren und wer wir sein wollen. Sie ist eine völlige Entblößung des Selbst, eine totale Verwundbarkeit. Diese völlige Mitteilung der innersten Gedanken, Wünsche, Ängste und Träume ist der erste Bestandteil der Intimität. Der zweite ist das rückhaltlose Annehmen des Mitgeteilten durch den anderen Menschen.

Die Bibel spricht von der Ehe als „ein Fleisch sein", nackt und ohne Scham. Damit diese Einheit entstehen kann, ist Nacktheit oder völlige Entblößung des Selbst notwendig. Ebenso notwendig ist das Fehlen der Scham über das, was mitgeteilt wird, denn ein Mensch, der sein innerstes Wesen mitteilt, braucht Annahme. Damit Intimität entstehen kann, muß also die Mitteilung von der völligen Annahme des Mitgeteilten begleitet sein. Das ist die Grundlage aller Beziehungen – wir offenbaren, wer wir sind; der andere antwortet durch seine Annahme.

Die Scham, die wir über unsere Vergangenheit empfinden, beruht auf der Angst, daß wir von der Person, der wir uns offenbaren, nicht angenommen werden. Solange diese Angst besteht, werden wir uns nicht völlig entblößen, weil wir die Ablehnung, die unsere Scham wiederum verstärken würde, nicht riskieren wollen. Wir werden einen Teil unseres inneren Lebens vor den Blicken anderer abschirmen und so ein Hindernis für die Intimität schaffen. Gleichzeitig widerstehen wir auch der Gnade Gottes in dem Bereich, auf den sich unsere Schamgefühle beziehen, denn dieses Zerteilen unserer Innenwelt setzt dem Wirken Gottes und der Hilfe anderer Grenzen. Unsere Schamgefühle bleiben unser ureigenster Privatbesitz, den niemand antasten darf – nicht einmal Gott.

Paradoxerweise ist es gerade das Bekennen unserer Sünde, durch das wir von den Schamgefühlen frei werden. Das, wovor wir uns fürchten, ist genau das, dem wir uns stellen müssen, um geheilt zu werden. Das verborgene Territorium wird so lange ein Stolperstein für uns und für die Intimität bleiben, bis wir bereit sind, seine Entblößung zu riskieren. Und unbereinigte Scham führt zu kodependentem und zwanghaftem Sexualverhalten.

Die untreue Ehefrau schläft mit ihrem Mann auch dann, wenn sie keinen Spaß daran hat, denn insgeheim weiß sie von ihrer Untreue und fürchtet, er könnte es herausfinden. Das kann ihre Methode sein, sich selbst zu bestrafen oder der Tatsache ihrer gestörten Sexualität und des Schmerzes, der der Lösung bedarf, auszuweichen. Darin, daß sie ihm von ihrer Untreue oder ihrer promiskuitiven Vergangenheit erzählt, liegt die Möglichkeit zur Befreiung. Mehr als alles andere greift das Bekennen die Angst vor Ablehnung frontal an und bricht deren Macht über ihr Leben. Ihre Selbstbestrafung und ihre Angst vor Ablehnung waren das Gerüst ihrer Kodependenz. Durch Ehrlichkeit kann sie nicht nur frei werden, sondern auch die Intimität finden, nach der sie sich so sehr sehnt.

Auch zwanghaftes Sexualverhalten kann durch Schamgefühle gefördert werden, da sie Hoffnungslosigkeit und Heimlichkeiten hervorbringen. Als Ryan sein verborgenes Verhalten und seine Vergangenheit endlich zugab, kam die Heilung. Dadurch, daß er seine Zwanghaftigkeit zugab, fühlte sich auch seine Frau nicht mehr so verurteilt durch ihn, und das war eine große Hilfe für ihre Beziehung. Die Verbesserung ihres Selbstwertgefühls ermutigte sie, ihm ebenbürtig gegenüberzutreten und dadurch die Intimität und Gegenseitigkeit zu steigern. Sein Bekenntnis bahnte auch den Weg für Lebensberatung und Gebetsunterstützung, die vorher nicht zur Verfügung standen. Indem er die inneren Mauern niederriß, hinter denen er seine Geheimnisse verbarg, machte er den Zugang frei für Gottes Gnade und Heilung.

Wann man nicht darüber reden sollte

Die Offenlegung Ihrer Geheimnisse und Ihrer Schamgefühle vor Ihrem Partner kann Ihnen die Freiheit und Intimität bringen, die jede Beziehung braucht und nach der sich jeder sehnt. Aber was ist, wenn der andere Ihr Bekenntnis nicht annehmen kann? Sollten Sie dann lieber nicht darüber reden? Wahrscheinlich. Wenn das Bekenntnis einem anderen einen irreparablen Schaden zufügen kann, ist es selten klug, es abzulegen. Der Grund, warum ich *selten* sage und nicht *niemals,* ist, daß Gott immer das letzte Wort hat. Niemand von uns kann vollkommen vorhersagen, wie ein anderer reagieren oder wie verheerend sich unser Bekenntnis auf ihn auswirken wird.

Außerdem ist es nicht sehr ratsam, uns auf unsere eigene Einschätzung der Situation zu verlassen, da unsere Angst und unsere Schamgefühle unser Urteil beeinflussen werden. Es ist auch nicht weise, unsere Geheimnisse und Sünden nur zu bekennen, um unser Gewissen zu erleichtern. Das Kreuz eines anderen zu erschweren ist nicht das geeignete Mittel, um unseres zu erleichtern.

Praktische Schritte

Jedem, der Geheimnisse oder Schamgefühle aus der Vergangenheit trägt, empfehle ich, sorgfältig die folgenden Schritte zu durchdenken, um zu entscheiden, ob er darüber reden sollte oder nicht, und wenn ja, wie.

1. Beten Sie zuerst. Tun Sie nichts ohne Gebet. Das Beten wird Ihnen helfen, sich selbst klar zu sehen, und Ihnen den Weg ebnen, um herauszufinden, was wirklich zu diesem Zeitpunkt der Wille Gottes für Sie ist.

2. Wenn Sie alleinstehend sind und mit Schamgefühlen oder Geheimnissen aus der Vergangenheit belastet sind, können sie die Freiheit gewinnen, indem Sie mit einem vertrauenswürdigen Seelsorger oder Pastor darüber reden und ihn bitten, für Sie zu beten. Bei den Anonymen Alkoholikern besteht der fünfte Therapieschritt darin, die Ergebnisse einer persönlichen moralischen Inventur mit Gott und mit einem anderen Menschen zu besprechen. Das Bekenntnis vor einem anderen Menschen scheint stets die Befreiung zu bringen, wenn es in der richtigen Weise geschieht.

3. *Erzählen Sie Ihrem Partner nichts, ohne vorher mit einem anderen Menschen untersucht zu haben, was Sie mitteilen müssen und ob Sie es jetzt mitteilen sollten oder nicht.* Es ist weise, sich beraten zu lassen. Sprechen Sie mit einem Pastor oder einem qualifizierten Seelsorger Ihres Vertrauens über Ihr Vorhaben. Wenn es wirklich dem Willen Gottes entspricht, wird er es durch guten Rat bestätigen.

4. *Überprüfen Sie Ihre eigenen Motive.* Wollen Sie in dieser Sache wirklich der Führung Gottes folgen, oder versuchen Sie nur, Ihre negativen Gefühle loszuwerden, indem Sie sie einem anderen aufbürden? Die Prüfung des eigenen Herzens ist immer eine Voraussetzung für die Auseinandersetzung mit anderen.

5. *Wenn Sie mit jemandem verlobt sind, schulden Sie ihm ein rückhaltloses Bekenntnis vor der Heirat.* Der Ehebund ist eine Verpflichtung, den anderen vollkommen zu lieben und anzunehmen, bis der Tod Sie scheidet. Eine der Voraussetzungen für eine Ehe sollte die völlige Entblößung des eigenen Selbst vor dem anderen sein, so daß Ihr Partner bewußt und rückhaltlos entscheiden kann, ob er Sie so annehmen will, wie Sie sind. Die Ehe sollte keine Überraschungen oder verborgenen Gespenster aus der Vergangenheit beinhalten. Viel Leid läßt sich ersparen, wenn beide den Bund mit einem reinen Gewissen und völliger Transparenz eingehen. Andernfalls berauben Sie Ihren Partner.

6. *Wenn die Ehe gefährdet oder die andere Person sehr sensibel ist, gehen Sie behutsam vor.* Ein Bekenntnis zum falschen Zeitpunkt kann eine wackelige Ehe zerstören oder den anderen verletzen. Lassen Sie sich gut beraten, und befolgen Sie den Rat. Andererseits kann die Bereinigung der Vergangenheit genau das sein, was notwendig ist, um die Blockierung zu

lösen und die Ehe zu heilen. Es kann auch zu Gottes Umgang mit der zerbrechlichen Person gehören, daß er sie in die Zerbrochenheit führt, damit sie sich ihm ganz ausliefert. Wie auch immer, vertrauen Sie nicht auf Ihr Gefühl. Unternehmen Sie auf keinen Fall etwas, ohne sich beraten zu lassen.

7. *Wenn das Geheimnis sich auf ein gegenwärtiges sexuelles Verhältnis oder Verhalten bezieht, bleibt Ihnen keine Wahl, als es zu bekennen.* Die Bindung Ihrer Affäre oder Ihres heimlichen Verhaltens kann ohne Ehrlichkeit nicht gelöst werden. Indem Sie es geheimhalten, betrügen Sie sich nur selbst. Durch Unehrlichkeit behält der Feind stets seine Macht. Außerdem verlangt der Bund der Ehe Ehrlichkeit von Ihnen. Verborgene Affären oder beschämende Praktiken werden bei dem arglosen Partner Verwirrung und verzerrte Wahrnehmungen verursachen. Er oder sie wird spüren, daß etwas nicht stimmt, ohne wirklich zu wissen, was vor sich geht. Indem Sie Ihre Sünde geheimhalten, reiben Sie Salz in die Wunde Ihres Partners.

8. *Wenn Sie in der Verkündigung des Evangeliums oder in einem helfenden Beruf tätig sind, bleibt Ihnen keine Wahl, als zu bekennen.* Die einzige Frage ist, wann und wem Sie Ihr Bekenntnis ablegen sollten. Ihre geheime Scham wird Sie in Ihrer Fähigkeit behindern, anderen zu helfen. Sie verzerrt Ihre Wahrnehmung und beeinträchtigt Ihre Botschaft. Verkündiger des Evangeliums behindern das Wirken des Heiligen Geistes, der andere durch sie anrühren will. Außerdem ist der geheime Bereich eine Einladung an den Feind, Sie durch Angst oder Versuchung zu quälen. Seelsorger oder Therapeuten sind außerdem durch die Versuchung gefährdet, ihre eigene Gebundenheit auf ihre Klienten zu übertragen. Wenn wir uns mit privaten Geheimnissen und Schamgefühlen nicht auseinandersetzen, verraten wir das Vertrauen, das andere in uns setzen; und dieses Vertrauen verlangt, daß wir vor unserem Gott und vor anderen Menschen ein transparentes Leben führen (siehe 1. Timotheus 3; Titus 1,7-9).

9. Wählen Sie den richtigen Ort und die richtige Zeit. Der richtige Ort und die richtige Zeit sollen für ein Maximum an Abgeschiedenheit sorgen, das dem anderen Raum läßt, emotional zu reagieren. Sorgen Sie dafür, daß die Kinder nicht in der Nähe sind und daß Sie notfalls stundenlang Zeit haben. Es ist nicht ratsam, andere dabei hinzuzuziehen, es sei denn, es besteht Gefahr für Ihre Sicherheit. Es könnte den anderen beschämen. Sie müssen sich dem Menschen, den Sie verletzt haben, tapfer stellen, falls Sie nicht so zerbrechlich und ängstlich sind, daß die Gegenwart eines Dritten notwendig ist, der Ihnen hilft. Falls Sie Gewaltanwendung befürchten und man Ihnen dennoch geraten hat, mit Ihrem Partner zu reden, suchen Sie sich einen sicheren Ort, und sorgen Sie dafür, daß andere da sind, die Sie schützen können.

10. Zeigen Sie ehrliche Reue, aber kriechen Sie nicht im Staub. Hier geht es darum, sich auszusprechen und Dinge auszuräumen. Bitten Sie da, wo es notwendig ist, aufrichtig um Vergebung. Reden Sie offen darüber, was Ihnen geschehen ist und wie es sich auf Sie und Ihren Partner ausgewirkt hat. Es ist gesund, wenn Ihnen die Auswirkungen leid tun, die Ihre Vergangenheit auf Ihren Partner und Ihre Ehe hatte – besonders dann, wenn das Ehebett davon betroffen war. Den Schmerz und die Trauer des anderen zu spüren ist nicht falsch, ebensowenig, wie Ihren eigenen Schmerz und Ihre Trauer zu spüren. Machen Sie deutlich, welche Absicht hinter Ihrem Bekenntnis steht. Drücken Sie Ihre Hoffnung auf eine bessere, ehrlichere und intimere Beziehung, Ihr Bedauern über Ihr vergangenes Fehlverhalten und Ihre Ängste bezüglich der Reaktion Ihres Partners aus. Sagen Sie ihm, daß Sie seine Vergebung und Annahme brauchen.

11. Reden Sie nicht über intime Details. Es wäre unpassend, Einzelheiten zu schildern, die Ihren Partner nur quälen können; etwa Einzelheiten darüber, wie Sie mit einem anderen geschlafen haben, wo Sie mit ihm geschlafen haben und was Sie währenddessen von Augenblick zu Augenblick empfanden. Viele Liebhaber wollen all das wissen, weil sie meinen, es könnte ihnen helfen, das Geschehene zu verarbeiten. Ich habe es nie hilfreich gefunden, eher hinderlich. Leute, die solche detaillierten Schilderungen verlangen, sind normalerweise verletzte Menschen, die durch einen solchen Bericht noch tiefer verletzt werden. Machen Sie sich vorher Gedanken darüber, was Sie erzählen wollen und was nicht. Die Information, mit wem Sie sich eingelassen haben, ist notwendig, besonders dann, wenn es sich um jemanden handelt, zu dem Sie beide weiterhin Kontakt haben. Ihr Fehlverhalten bringt es mit sich, daß Sie das Vorrecht verloren haben, zu dieser Person eine Beziehung zu unterhalten.

12. Geben Sie der Person, vor der Sie ein Bekenntnis ablegen, reichlich Gelegenheit, ihre Gefühle und Gedanken zu verarbeiten. Erwarten Sie keine sofortige Vergebung und Akzeptanz für das, was Sie mitteilen. Es wird normalerweise einige Zeit dauern, den durch Ihre Offenbarungen ausgelösten Schmerz zu verarbeiten. Diese Zeit müssen Sie dem anderen zugestehen. Falls Ihre Beziehung jedoch wochenlang distanziert bleibt und Ihr Partner einen gequälten Eindruck macht oder weiterhin tief verletzt ist, dann brauchen sie Beratung. Ihr Bekenntnis hat dann wahrscheinlich andere Bereiche unverarbeiteten Schmerzes aufgewühlt, und Ihr Partner braucht Hilfe dabei, seine Empfindungen zu verarbeiten.

13. Geraten Sie nicht in Panik, wenn nicht alles so funktioniert, wie Sie es geplant haben. Im nachhinein sieht man meistens klarer als im voraus. Wenn Sie Ihr Bekenntnis aus Überzeugung abgelegt haben, dann geben Sie ihm Zeit zu wirken. Es kann sein, daß der Nutzen erst nach Monaten oder gar Jahren sichtbar wird. Diese Übung kann zu einer sofortigen Veränderung führen; es kann aber auch sehr lange dauern. Legen Sie es nicht auf eine schnelle Lösung an. Mit der Zeit wird sich alles finden, wenn Sie sich von Gott führen lassen.

Mein Anliegen

Um ehrlich zu sein, habe ich eine gewisse Sorge dabei, wenn ich Ihnen dieses Material anbiete. Manche werden nicht auf meine Botschaft hören – sie werden entweder vollkommen ignorieren, was ich gesagt habe, oder sie werden mit Volldampf vorausstürmen. Doch meine Empfehlungen beruhen darauf, daß ich gesehen habe, wie andere es auf richtige Weise oder auch auf falsche Weise angefangen haben. Mein Anliegen gründet sich auf das, was ich der Lehre der Bibel entnehme, und auf das, was nach meiner Erkenntnis für eine gesunde Beziehung erforderlich ist. Es gründet sich ebenso auf meine tiefe Anteilnahme für Menschen.

Wir alle sind in unserem Innersten zerbrechlich. Eine Wunde im Geist ist schwer zu ertragen. Es geht mir darum, Ihnen eine Chance zu bieten, die Wunde Ihres eigenen Geistes klar zu sehen und mit der Wunde eines anderen behutsam und vorsichtig umzugehen. Beziehungen sind immer daran zu messen, welche Wunden wir uns selbst und anderen zufügen, denn darin offenbart sich die Tiefe unserer Liebe und die Macht der Verwundung. Doch Wunden erinnern uns auch daran, daß wir Gott brauchen. Nur er kann uns auf dem Weg führen, die Unebenheiten glätten und den Schaden reparieren. Die Zukunft liegt in seiner Hand.

Die Wiederherstellung der Unschuld besteht darin, den Schaden zu beheben, der durch falsche sexuelle Verhaltensweisen entstanden ist, damit wir echte Intimität erleben können. Das erfordert, daß wir uns dem Schmerz unserer eigenen Geheimnisse und Schamgefühle stellen und uns damit auseinandersetzen, wie sie sich auf andere auswirken könnten. Das Arbeiten an Wunden ist nicht ungefährlich. Es kann sie vertiefen, bevor sie geheilt werden; es kann neue Wunden schlagen, ohne eine Heilungschance zu bringen, oder es kann zu einer größeren Freiheit zur Intimität und zur Erfüllung führen. Nur Gott kennt den Ausgang. Vertrauen Sie ihm, daß er Sie führt, wie er auch mich geführt hat!

161

Mit Opfern und Tätern leben

„Ich weiß nicht, was ich mit meinem Mann anfangen soll, jetzt, wo ich weiß, daß er ein Sexsüchtiger ist. Soll ich ihm vertrauen, mich von ihm scheiden lassen, oder was?"

„Ich habe mich kürzlich daran erinnert, daß mein Vater mich sexuell belästigte. Was soll ich tun? Ich weiß nicht, ob ich es ertragen kann, mit ihm zu reden oder ihn wiederzusehen."

„Was soll ich wegen meiner früheren Liebhaber unternehmen, die ich verletzt habe? Muß ich sie um Vergebung bitten?"

„Meine Frau wurde als kleines Mädchen ein Opfer von Inzest. Was soll ich nun tun, da ich weiß, was hinter ihren sexuellen Problemen steckt?"

„Was ist mit meinen Kindern? Werden sie die gleichen Probleme haben wie ich? Was kann ich tun, um das zu verhindern?"

Jede dieser Fragen zielt darauf ab, wie man mit den Beziehungsproblemen umgehen soll, die sich aus einer sexuellen Verletzung ergeben haben. Es ist schwer, mit einem sexuell geschädigten Ehepartner zusammenzuleben; die alten Wunden tun auch Ihnen weh. Es ist doppelt schwer, selbst sexuell geschädigt zu sein, ohne Verständnis bei seinem Ehepartner oder den Menschen, die man liebt, zu finden. Um mit diesen Problemen fertig zu werden, braucht man reichlich Weisheit, Mut und Verständnis.

In diesem Kapitel möchte ich einige Ratschläge weitergeben, wie Sie mit den anderen Menschen in Ihrem Leben umgehen können – mit solchen, die Ihnen Schaden zugefügt haben, und mit solchen, denen Sie Schaden zugefügt haben. Ich hoffe, daß diese Richtlinien Ihnen Aufschluß und Leitung vermitteln und Sie zu neuen Wegen des Denkens und zu mutigem Handeln herausfordern werden. Ich kenne jedoch nicht Ihr konkretes Problem, und nicht jedes mögliche Szenario konnte hier abgedeckt werden. Bevor Sie etwas unternehmen, verschaffen Sie sich Unterstützung und Rat von einem qualifizierten Therapeuten oder einem Pastor.

„Meine Frau ist zu einem Opfer gemacht worden"

„Wenn es nach mir ginge, würde ich ihn aufhängen und ihm bei lebendigem Leibe die Haut abziehen", war die Reaktion eines Ehemannes, als er erfuhr, daß sein Schwiegervater seine Frau sexuell belästigt hatte, als sie ein Kind war. Er war verletzt und wütend, und er wollte Rache.

Zorn und Schmerz sind verbreitete Reaktionen von Ehemännern, die erfahren, daß ihre Frauen mißbraucht oder vergewaltigt wurden. Sie wollen gegen das zurückschlagen, was sie und ihre geliebten Menschen verletzt hat. Doch abgesehen davon, daß sie von der Bibel her falsch ist, kann Rache den Frauen noch mehr Probleme verursachen. Wenn andere gewaltsam auf die sexuelle Verwundung einer Ehefrau oder eines Kindes reagieren, kann die Wunde dadurch noch tiefer und das Ereignis noch traumatischer werden. Gewaltsame oder rachsüchtige Reaktionen verursachen bei dem Opfer noch mehr Angst und Schamgefühle; dabei ist es bereits traumatisiert und braucht Trost und Frieden, nicht noch mehr Schmerz und Aufruhr.

Wenn ein Ehemann aber nicht zurückschlagen darf, was soll er dann tun? Das Beste, was ein Mann für seine verwundete Frau tun kann, ist, ihr seine Geduld, Fürsorge, Barmherzigkeit und Unterstützung zu geben. Er muß auch die Initiative ergreifen, um herauszufinden, was zu tun ist, denn seine Frau wird nicht in der Lage sein, ihm alles mitzuteilen, was sie zu ihrer Wiederherstellung braucht. Dieses Herausfinden, was zu tun ist, kann besonders schwierig sein, wenn

Ihre Frau Ihnen die Schuld an ihren Problemen gibt oder sich zu sehr verteidigt, denn Sie werden ihren Wahrnehmungen nicht trauen können. Darum kann es notwendig sein, daß Sie mit anderen Männern, Ihrem Pastor oder einem qualifizierten Therapeuten darüber reden. Sie brauchen deren Unterstützung, damit Sie in der Lage sind, Ihre Frau zu unterstützen.

Achten Sie jedoch darauf, daß Sie Unterstützung nicht mit Seelsorge oder Therapie verwechseln. Unterstützung bedeutet nicht, daß Sie versuchen, den Schaden selbst zu reparieren. Sie muß ihren eigenen Weg zur Heilung finden. Sie können ihn ihr nicht vorzeichnen oder sie dazu bringen, ihn zu gehen. Üben Sie Ihre Liebe aus, nicht Ihre Macht. Macht ist die Fähigkeit, eine Person dazu zu bringen, zu tun, was Sie wollen. Liebe bringt sie dazu, zu tun, was sie nach ihrer eigenen Überzeugung tun sollte.

Das Schwierigste, das auf Sie zukommt, ist möglicherweise die Konfrontation mit Ihren eigenen Wunden. Da Ehepartner „ein Fleisch" sind, tut das, was den einen verletzt, auch dem anderen weh. Das gilt besonders im Bereich der Sexualität. Die Hemmung, die Angst oder der Schmerz Ihrer Frau wird Ihrer Freude Grenzen setzen – Sie müssen dafür bezahlen, was ihr widerfahren ist und wie sie mit ihrer Verletzung umgegangen ist. Dennoch müssen Sie ihre Schädigung akzeptieren und sich darauf festlegen, sie zu lieben, selbst wenn Ihr Traum vom großartigen Sex niemals Wirklichkeit wird. Es mag sein, daß Tränen vergossen und Gottes heilende Berührung erbeten werden müssen. Es kann eine Weile dauern, aber es wird kommen, wenn Sie danach trachten.

Wenn Sie die Begrenzungen Ihrer Frau und den Preis, den Sie in Ihrem eigenen Leben dafür zahlen müssen, nicht akzeptieren, werden Sie immer zornig und wütend bleiben. Die Bitterkeit wird nicht nur Sie selbst vergiften, sondern Ihre ganze Beziehung. Sie wird auch dazu führen, daß Sie entweder Ihre Frau und den Sex aufgeben oder immer wieder darauf drängen und Ihre Frau nötigen, also genau das Gegenteil von dem tun, was sie braucht, um wieder ins Lot zu kommen. Wenn einer Frau Sex aufgezwungen wurde, reagieren ihr Körper und ihre Emotionen auf jeden Anschein von Druck oder Gewalt genauso wie auf das Ereignis, durch das sie verletzt wurde. Das macht alles Vergnügen zunichte und verstärkt das Problem. Geben Sie Ihre Frau und den Sex ganz auf, so verstärken Sie dadurch nur ihre tiefsitzende Überzeugung, sie sei der Liebe und der Aufmerksamkeit nicht wert, und ermutigen sie dadurch noch weiter, sich selbst aufzugeben. Beide Reaktionen verschlimmern die Dinge nur.

Durch die Aufgabe, Ihrer Frau durch ihre Schwierigkeit hindurchzuhelfen, wird Ihre Charakterstärke auf die Probe gestellt. Charakter ist die Kraft, das Richtige zu tun, was es auch kosten mag. Können Sie sich selbst verleugnen, um Ihre Frau aufopfernd zu lieben? Das ist die Herausforderung, vor der Männer von verwundeten Frauen stehen. Vielleicht fällt es Ihnen nicht so schwer. Für einen anderen kann es das Schwerste sein, was er je getan hat.

Wenn es Ihnen extrem schwer fällt, Ihre sexuell verwundete Frau zu lieben, und Sie Probleme damit haben, das Geschehene zu akzeptieren, dann müssen Sie überprüfen, was Sie selbst in die Sexualität investieren. Es kann sein, daß Sex ein zu mächtiger Faktor in Ihrem eigenen Leben ist. Ihre Unfähigkeit zur Annahme kann ein Zeichen von Gott sein, daß auch Sie Heilung und Veränderung brauchen.

Schließlich: Lernen Sie alles über sexuelle Schädigungen, was Sie in Erfahrung bringen können. Wenn Sie mit ihr gemeinsam auf die Suche nach Heilung gehen, wird das für Ihre Frau und ebenso für Sie selbst der größte Segen sein. Viele Paare sind sich näher gekommen und konnten eine größere sexuelle Erfüllung ernten, indem sie akzeptierten, was war, und im Gebet gemeinsam an dem arbeiteten, was werden konnte.

„Wie verhalte ich mich gegenüber dem, der mich verletzt hat?"

Wenn Sie durch Ihren Vater, Ihre Mutter, Ihren Onkel, einen Freund oder Ihren Partner zum Opfer gemacht wurden, wird es schwierig sein, sich darüber klar zu werden, was Sie für eine Beziehung oder ob Sie überhaupt eine Beziehung zu dem Täter unterhalten sollten. Freilich sind dies äußerst wichtige Entscheidungen, wenn Sie Töchter, Söhne, Neffen oder Nichten haben, die ebenfalls zu Opfern werden könnten. Sie können auch entscheidend für Ihre Heilung sein.

Die meisten Opfer sexuellen Mißbrauchs scheuen die Konfrontation mit dem Täter. Da der Mißbrauch meistens stattfindet, während sie noch sehr jung sind, bleibt er oft unverarbeitet, bis sie erwachsen sind. Bis dahin haben sich jedoch alle Beteiligten daran gewöhnt, so zu tun, als ob der Mißbrauch nie stattgefunden hätte, so daß die Opfer das Gefühl haben, als verursachten sie eine unnötige „Stänkerei", indem sie die Probleme auf den Tisch bringen oder die Konfrontation mit den Tätern suchen. Ein Klient sagte mir einmal: „Einen schlafenden Hund soll man nicht wecken."

Aber das ist nicht wahr! Wenn Sie zum Opfer geworden sind, dann kann die Konfrontation mit dem Täter notwendig sein. Wenn Sie die Konfrontation mit dieser Person scheuen, liegt darin die Gefahr, daß Ihre Neigung, sich ihr gegenüber auf kodependente Weise zu verhalten, ungebrochen bleibt. Opfer von Mißbrauch sind selten ehrlich gegenüber anderen; sie gehen entweder auf Zehenspitzen umher, um nur ja keinen Anstoß zu geben, oder sie sind ständig beleidigt und werden zornig und rebellisch. Das macht sie zur Zielscheibe weiterer Ablehnung.

Eine ehrliche, richtig gehandhabte Konfrontation bietet die Möglichkeit, das Muster kodependenter Beziehungen zu durchbrechen. Sie kann Ihnen die Freiheit von der Vergangenheit bringen und Ihnen eine Möglichkeit zur Veränderung bieten. Auch vor weiterem Mißbrauch können Sie sich und andere dadurch schützen. Die Täter ändern sich selten, ohne daß die Wahrheit ans Licht kommt und die Wunden geheilt werden.

Die folgenden Überlegungen sollen Ihnen helfen, sich darüber klar zu werden, wie Sie mit dem Täter umgehen sollten.

1. Beten Sie vor, während und nach der Konfrontation. Bitten Sie Gott um Weisheit bei der Frage, ob, wie und wann Sie die Konfrontation suchen sollen. Einige meiner Klienten haben mir begeistert davon erzählt, wie Gott ihnen aufgrund ihrer Gebete die ideale Gelegenheit schenkte. Gebet und guter Rat sind Ihre Sicherheiten. Sie werden Ihnen dabei helfen, aus den richtigen Gründen die richtigen Entscheidungen zu treffen.

2. Wenn die Person den Mißbrauch nicht offen zugegeben hat und keine klaren Zeichen der Veränderung zeigt, dann müssen Sie sich und andere vor ihm oder ihr schützen. Man kann nicht davon ausgehen, daß sich ein Täter verändert hat, solange es keine klaren Hinweise gibt, die dafür sprechen. Nur ein offenes Zugeben des Fehlverhaltens ist ein erstes Zeichen für echte Veränderung. Außerdem muß die Person sich um Hilfe bemühen. Leute, die Kinder belästigen, ändern sich nicht mit der Zeit von selbst. Sie verändern sich nur dann, wenn sie von ihrem Problem geheilt werden, indem sie sich mit sich selbst auseinandersetzen.

Lassen Sie es auch nicht zu, daß Sie Ihr Kind oder das eines anderen aus Angst vor der Reaktion des Täters in Gefahr bringen. Wenn Sie gefragt werden, warum Sie das Kind von ihm fernhalten, sagen Sie die Wahrheit. Wenn andere Familienmitglieder Kinder haben, die in Mitleidenschaft gezogen werden könnten, müssen Sie die Konfrontation mit dem Täter suchen und ihm deutlich sagen, daß Sie andere warnen müssen, falls Sie nicht Zeichen dafür sehen, daß sich sein Verhalten geändert hat.

Schließlich: Verlassen Sie sich nicht vollkommen auf Ihre eigenen Wahrnehmungen, wenn Sie beurteilen, ob sich sein Verhalten geändert hat oder nicht. Ein qualifizierter Therapeut kann dazu wertvolle Einsichten vermitteln. Verlangen Sie eine Beurteilung. Ein aufrichtiger Mensch, der sich wirklich verändert hat, wird bereit sein, sich dieser Beurteilung zu unterziehen. Das kann ihm gleichzeitig einen Vorwand liefern, sich um Hilfe zu bemühen.

3. Suchen Sie die Konfrontation erst, wenn Sie sich über Ihre Motive im klaren sind. Der Zweck der Konfrontation besteht nicht darin, den Täter zu bestrafen, es ihm heimzuzahlen, ihn dazu zu bringen, Sie zu lieben, oder Ihre Wut abzulassen. Es geht vielmehr darum, die Atmosphäre und das Problem zu bereinigen. Sie wollen, daß sich der Täter seiner Verantwortung stellt, und Sie wollen Ihre Angst vor dieser Person überwinden. Die Konfrontation bricht die Macht der Vergangenheit über Ihr Leben und gibt die Gelegenheit zur Versöhnung.

4. Suchen Sie die Konfrontation erst, wenn Sie emotional dazu bereit sind. Es ist nicht ratsam, die Konfrontation mit einem Täter aus einer Position der emotionalen Verwundbarkeit heraus zu suchen. Die meisten Täter werden zunächst leugnen, etwas Falsches getan zu haben, und Ihnen Vorwürfe machen, weil Sie Streit verursachen. Das bedeutet, daß Sie stark genug sein müssen, um mit der Ablehnung, den Vorwürfen, dem Zorn oder den Strafmaßnahmen des Täters fertig zu werden. Wenn Sie emotional noch nicht dazu bereit sind, werden Sie sich unter der Einschüchterung ducken, sich bei der Konfrontation falsch verhalten und sich hinterher selbst Vorwürfe machen.

5. Suchen Sie die Konfrontation erst, wenn Sie sich genau darüber im klaren sind, womit Sie die Person konfrontieren wollen. Das heißt, daß Sie in der Lage sein sollten zu sagen,

▷ was Ihnen angetan wurde;
▷ welche Gefühle das damals bei Ihnen auslöste;
▷ wie es sich auf Ihr Leben ausgewirkt hat;
▷ was Sie jetzt wollen.

Wenn Sie diese vier Punkte in der Konfrontation deutlich machen, erhält der Täter ein vollständiges Bild von seinem Fehlverhalten. Es führt ihm die Folgen seines Handelns klar vor Augen. Die meisten Täter ahnen nicht, was sie anderen durch ihre Sünde angetan haben.

6. *Sie können verschiedene Mittel zur Konfrontation einsetzen.* Sie können Ihr Ziel durch einen Brief, ein gut vorbereitetes Telefongespräch oder durch ein persönliches Zusammentreffen erreichen. Das hängt nur davon ab, womit Sie sich am wohlsten fühlen und was die Situation vorschreibt. Bei möglicherweise gewalttätigen Tätern ist es selten ratsam, die Konfrontation in einem persönlichen Zusammentreffen zu suchen. Wenn es jedoch nicht anders geht, treffen Sie unbedingt Vorkehrungen zu Ihrer Sicherheit, indem Sie sich die Hilfe anderer unmittelbar zur Verfügung halten – nötigenfalls sogar die Hilfe der Polizei.

7. *Erwarten Sie nicht, daß ein Täter sich ändert.* Sie suchen die Konfrontation mit dieser Person, um Heilung für sich selbst zu finden und den anderen zur Verantwortung zu ziehen. Es kann sein, daß der Täter das, was Sie ihm entgegenhalten, nicht akzeptiert, und sich sogar noch stärker verschanzt, indem er auf seiner völligen Schuldlosigkeit beharrt. Lassen Sie sich davon nicht irremachen. Bleiben Sie bei Ihrer Position, und richten Sie Ihren Blick nach vorne. Sie können auch ohne diese Anerkennung, Annahme oder Beziehung leben.

8. *Geben Sie dem Täter Gelegenheit zur Wiedergutmachung, aber erwarten Sie nicht zuviel.* Wiedergutmachung bedeutet, für den zugefügten Schaden zu bezahlen oder Ersatz zu leisten. Die einzige Wiedergutmachung, die ein reuiger Täter leisten kann, besteht darin, rückhaltlos zuzugeben, was er getan hat, und dafür um Vergebung zu bitten. Der Täter kann weder Ihren Schmerz fühlen, noch den Schaden ungeschehen machen, noch Sie heilen. Eine von Herzen kommende Bitte um Vergebung kann zwar Ihren Schmerz erleichtern, aber nur Gott kann ihn völlig beseitigen.

9. Wenn der Täter verstorben ist, kann es eine Hilfe sein, die Wahrheit ans Licht zu bringen. Es kann sein, daß auch andere Menschen oder Familienmitglieder mißbraucht worden sind. Ihre Bereitschaft, darüber zu reden, kann andere dazu ermutigen, die Heilung zu suchen, die sie brauchen. Es kann auch Ihnen eine Hilfe sein, wenn Sie offen über den Mißbrauch sprechen. Viele Opfer zweifeln an sich selbst und an dem, was ihnen geschehen ist, und meinen, es sei alles ihre eigene Schuld oder nur in ihrer Einbildung geschehen. Die offene Aussprache durchbricht die Verleugnung. Überlegen Sie sich sorgfältig, wie und wann Sie darüber reden wollen. Und vergessen Sie nicht, daß andere die Dinge, über die Sie reden, vielleicht nicht wahrhaben wollen; also stellen Sie sich emotional darauf ein.

10. Suchen Sie die Konfrontation mit einem verstorbenen Täter durch Briefe oder Rollenspiel. Ein wichtiger Nutzen der Konfrontation besteht darin, daß Sie in die Lage versetzt werden auszudrücken, wie sich der Mißbrauch auf Sie ausgewirkt hat und welche Gefühle er bei Ihnen auslöste. Indem Sie das in Form eines Briefes oder durch Rollenspiel tun, können Sie den Zorn und Schmerz der Verletzung leichter loslassen. Das kann Ihnen auch helfen, sich über Ihre Gedanken und Gefühle klar zu werden, und das ist wichtig für die Verarbeitung des Mißbrauchs. Wenn Ihnen keines dieser Mittel zusagt, entwickeln Sie eigene Ideen. Eine meiner Patientinnen schrieb eine Geschichte über den Mißbrauch, dem sie ausgesetzt war. Viele Maler, Bildhauer und Schriftsteller haben ihre kreative Begabung genutzt, um ihre Geschichte zu erzählen und ihre Heilung zu vollenden.

Eine Konfrontation kann auch zur Versöhnung führen. Machen Sie sich jedoch klar, daß die meisten Konfrontationen keine Versöhnung bringen, selbst wenn sie zur Heilung beitragen. Die Konfrontation bringt die Wahrheit ans Licht; doch die meisten Täter haben nichts für die Wahrheit übrig – genau darum brauchen sie sie ja so dringend. Was sie außerdem brauchen, ist weniger von unserer Art der Loyalität und dafür mehr Ehrlichkeit von uns. Das ist die einzige Hoffnung auf Heilung. Wenn die Wahrheit akzeptiert wird, kann eine Versöhnung stattfinden.

Leben mit einem sexsüchtigen oder zwanghaften Partner

Zu den schmerzhaftesten Beziehungen, die ich beobachtet habe, gehören diejenigen, in denen einer der Partner sexsüchtig ist. Solche Menschen neigen zwanghaft dazu, zu masturbieren, Pornoläden aufzusuchen, zu Prostituierten zu gehen oder sich mit jeder attraktiven Person des anderen Geschlechts einzulassen, die sie finden können. Sie haben ein unersättliches Verlangen nach Sex und sexuellen Erlebnissen. Das Leben mit einem solchen Partner kann die Hölle sein.

Wenn sie ihre Sucht nicht gerade mit anderen ausleben, werden Sexsüchtige bei ihrem Partner auf Sex dringen. Ihr Verlangen wird die Beziehung verschlingen wie ein ausgehungertes Tier. Mit ihrer nie gestillten und nie erfüllten Begierde werden sie Ihr Selbstwertgefühl ins Schwanken bringen und Sie dazu nötigen, ihnen auf kodependente Weise den Sex zu geben, den sie verlangen, und dennoch bei der Liebe, die Sie brauchen, zu kurz zu kommen.

Sexsüchtige Partner durchbrechen die Bindungen der Loyalität und des Vertrauens in einer Beziehung, ja, sie trampeln darauf herum. Ihre Untreue verursacht eine tiefe Wunde des Geistes, von der sich manche Menschen nur schwer wieder erholen.

Doch das bedeutet nicht, daß sie einen süchtigen Partner verlassen sollten. Auch wenn nach der Bibel ausreichende Gründe für eine Scheidung vorliegen, haben Sie immer noch die Wahl, ob Sie verheiratet bleiben wollen. Wenn ein Sexsüchtiger an einem Programm zur Heilung arbeitet, wollen Sie vielleicht bei ihm bleiben und die Probleme mit ihm gemeinsam aufarbeiten. Was meine ich mit einem Programm zur Heilung? Um ein solches Programm erfolgreich durchzuarbeiten, muß ein Sexsüchtiger die folgenden Erfordernisse erfüllen:

1. Der Süchtige muß seine Sucht und deren Auswirkungen auf sein eigenes Leben und Ihres rückhaltlos zugeben. Rückhaltlos zugeben bedeutet, daß der Süchtige das Problem nicht verleugnet. Er oder sie ist in der Lage, die Macht zu beschreiben, die die Sucht hat, und zu erkennen, wie sie sich auf sein oder ihr Leben und das Leben anderer ausgewirkt hat. Das ist der erste Schritt zur Heilung von jeglicher Sucht.

2. Der Süchtige muß einen Plan zur Heilung haben und ihn befolgen, weil er es selbst will, nicht weil er dazu gezwungen wird. Die Heilung von einer Sucht braucht Zeit; darum ist ein Plan für die Veränderung unabdingbar. Nimmt der Süchtige an Selbsthilfegruppen, an einer Lebensberatung oder einer Therapie teil? Was hält der Süchtige selbst für notwendig? Hat der Süchtige sich bereitwillig um Hilfe von anderen bemüht? Hat der Süchtige sich in Abstimmung mit einem Fachmann einen Plan zur Heilung zurechtgelegt, oder folgt er seinen eigenen Vorstellungen? Ist die Freiheit von seiner Gebundenheit das, was der Süchtige wirklich will?

Jeder Süchtige muß sich mit diesen Fragen auseinandersetzen. Wenn Ihr süchtiger Partner das nicht getan hat, dann müssen Sie an seiner Aufrichtigkeit zweifeln. Es kann sein, daß er gegen seine Sucht machtlos ist, aber er ist nicht machtlos, einen Plan zu formulieren und sich daran zu halten. Und indem er sich an den Plan hält, zeigt er, wie ernst es ihm damit ist und ob er sich nur fügt, damit alle zufrieden sind, oder weil er wirklich Befreiung will.

3. Süchtige müssen sich einem anderen gegenüber zur Rechenschaft über ihre Sucht und ihr Leben verpflichten. Da ein Sexsüchtiger nicht weiß, wie man auf gesunde Weise eine Beziehung unterhält, wird ihm allein die Abkehr von seinem Suchtverhalten noch nicht beibringen, wie er sich Ihnen gegenüber zu verhalten hat. Er braucht die zwischenmenschliche Beratung und die Übung, die in Rechenschaftspflicht und Jüngerschaft notwendig sind. Er braucht einen anderen Menschen, der ihm Anleitung in seinen Beziehungen gibt.

Zudem liegt bei Sexsüchtigen meist mehr als nur dieser eine Bereich ihres Lebens im Argen. Das Geld, mit dem viele ebenfalls ihre Probleme haben, wird oft dazu benutzt, das Suchtverhalten zu unterstützen. Die Rechenschaftspflicht kann ihnen helfen, alle Bereiche ihres Lebens auf gesündere Weise zu handhaben.

4. Der Süchtige muß bereit sein, um Vergebung zu bitten. Heilung erfordert volle Verantwortlichkeit. Die Bitte um Vergebung gegenüber denen, die wir verletzt haben, zeigt unsere Bereitschaft, die Verantwortung für unser Handeln zu tragen. Die anonymen Heilungsprogramme enthalten einen Schritt, in dem verlangt wird, eine Liste all derer aufzustellen, die man um Vergebung bitten sollte. Der nächste Schritt verlangt von dem Süchtigen, diese Menschen tatsächlich um Vergebung zu bitten, es sei denn, man würde dadurch im Einzelfall jemanden verletzen. Diese beiden Schritte sind entscheidend für den Heilungsprozeß. Wo eine Verbitterung oder Gleichgültigkeit gegenüber dem anderen vorliegt, ist die Heilung behindert.

Wenn Sie jemanden zum Opfer gemacht haben – ein Kind, einen Verwandten, eine Freundin oder Ihren Ehepartner –, dann müssen Sie dieses Opfer um Vergebung bitten, um seine Heilung zu unterstützen. Um dabei richtig vorzugehen, brauchen Sie Weisheit und Mut. Falls es für Sie ein juristisches Risiko darstellt, um Vergebung zu bitten, wenden Sie sich vorher an einen Anwalt. Machen Sie sich jedoch klar, daß Sie die Sache möglicherweise dennoch zu Ende bringen müssen. Das Leben eines anderen muß Vorrang vor Ihrer Selbsterhaltung haben, wenn das Unrecht bei Ihnen liegt.

5. Der Sexsüchtige darf seine Sucht nicht weiterhin aktiv praktizieren. Geben Sie Ihrem sexsüchtigen Partner Unterstützung, aber leben Sie nicht mit ihm zusammen, solange er noch in seine Sucht verstrickt ist. Die Auswirkungen können lebensbedrohlich sein. Eine meiner Klientinnen ist nicht nur betrogen, belogen und beschimpft worden, sondern ihr süchtiger Ehemann hat sie auch noch mit drei Geschlechtskrankheiten angesteckt. Ich empfahl ihr Trennung und Abstinenz, bis deutlich wird, daß er auf dem Weg der Heilung ist und seine Sucht nicht mehr aktiv auslebt. Außerdem empfahl ich die Durchführung eines AIDS-Testes, bevor sie den Geschlechtsverkehr wieder aufnehmen.

Ich empfehle Abstinenz, um dem Süchtigen zu helfen, die Macht seines zwanghaften Sexualverhaltens zu brechen. Diese geplante Periode der Abstinenz muß von jeder sexuellen Aktivität oder Stimulation frei sein, um wirksam sein zu können.

Die Fortsetzung einer intimen Beziehung mit einem praktizierenden Süchtigen spiegelt eher die eigene Kodependenz wider, als daß sie einen Beweis für liebende Hingabe darstellt. *Tun Sie es nicht!* Damit geben Sie nur der Sucht neue Nahrung und verzögern die Wiederherstellung des Süchtigen. Der Süchtige muß lernen, ohne Sex zu leben, damit Sex für ihn wieder sinnvoll werden kann.

Sorgen Sie dafür, daß Sie gute Beratung und viel Unterstützung bekommen. Die Wunden sind tief, und Ihr Bedarf an Unterstützung ist groß. Viele Süchtige werden geheilt, aber dazu braucht es Zeit und einen tiefen Wunsch danach, frei zu werden. Vertrauen Sie dem Herrn, und bitten Sie ihn um Weisheit, dann wird er Sie führen.

„Was wird aus den Kindern?"

Was können wir tun, um zu verhindern, daß unsere Kinder durch unsere Probleme beeinträchtigt werden? Das ist die Frage, die am häufigsten und mit der größten Angst gestellt wird. Meine erste Antwort ist immer dieselbe: Tun Sie alles, was Sie können, um selbst heil und gesund zu sein. Gesunde Eltern bringen gesunde Familien und gesunde Kinder hervor. Doch gesund bedeutet nicht vollkommen. Wenn es in Ihrer Familie zwanghaftes sexuelles Verlangen gibt, dann werden Ihre Kinder vermutlich auch damit zu kämpfen haben. Schwächen liegen in der Familie; doch Sie können die Gezeiten wenden, indem Sie die Macht Ihrer Schwächen in Ihrem eigenen Leben brechen. Hier sind einige praktische Schritte, die Sie tun können:

▷ Lernen Sie alles über gesunden Sex und gesunde Sexualität, was Sie können.
▷ Sprechen Sie mit Ihren Kindern über Sex, aber nicht auf eine emotional inzestuöse Weise.
▷ Beten Sie für Ihre Kinder und deren zukünftige Partner.
▷ Wenn sie alt genug sind, erzählen Sie ihnen von den Kämpfen und Siegen, die Sie erlebt haben.
▷ Halten Sie die Kommunikationswege offen, und seien Sie schnell zur Hand, um auf negative Erlebnisse Ihrer Kinder mit Fürsorge zu reagieren.
▷ Überwachen Sie ihre Beziehungen, solange sie sehr jung sind. Halten Sie sich mit gutem Rat zur Verfügung, wenn sie älter sind.
▷ Stellen Sie in den richtigen Phasen der Entwicklung Informationen über Sexualität zur Verfügung.

Dies sind nur einige Möglichkeiten, die Eltern haben, um ihren Kindern zu helfen, unschuldig zu bleiben. Je nachdem, in welchem Maße Sie in der Lage waren, sich mit Ihren ungesunden Verhaltensweisen auseinanderzusetzen und sie zu verändern, werden Sie eine entsprechende Einstellung an Ihre Kinder weitergeben. Die weiteren Kapitel dieses Buches handeln von konkreten Entwicklungsproblemen in der Familie, die sich unmittelbar auf Sex und Sexualität auswirken. Geben Sie diese Kapitel Ihren Kindern zu lesen.

Meine neunzehnjährige Tochter hat einige Teile des Manuskriptes zu diesem Buch gelesen, und wir haben später darüber gesprochen. Ich fragte sie nach ihrer Meinung und hörte mir ihre Antwort an. Ich habe versucht, die Kommunikationswege offen zu halten. Meine Hoffnung ist, daß sie in der Lage sein wird, sowohl die Freude als auch die Heiligkeit der Sexualität anzunehmen. Mein Gebet ist, daß sie das auf weniger schmerzhafte Weise lernen darf, als ich es mußte.

Ein Messer wetzt das andere

Ich weiß, daß das schwer zu glauben ist, aber es kann nützlich sein, wenn man mit einem sexuell zwanghaften Ehemann oder einer geschädigten Frau zusammenlebt oder sich mit einem Täter auseinandersetzen muß. Sprüche 27,17 ist einer meiner Lieblingsverse in der Bibel: „Ein Messer wetzt das andre und ein Mann den andern." Ich glaube, das Aneinanderreiben schmerzhafter Wunden und persönlicher Konflikte ist notwendig, um uns zu „wetzen". Charakterstärke entsteht dadurch, daß wir in Schwierigkeiten durchhalten. Indem wir fähig werden, uns den Dingen und den Menschen in unserem Leben zu stellen, die uns dazu veranlaßt haben, uns mit uns selbst auseinanderzusetzen, können wir mehr werden, als wir waren. Das ist meine persönliche Erfahrung. Auch bei anderen habe ich erlebt, wie es sich positiv auswirkte. Das Zusammenleben mit einem zwanghaften oder geschädigten Partner führte zu einem Wachstum, das auf andere Weise niemals möglich gewesen wäre. Die Auseinandersetzung mit einem Täter erfordert ein Maß an Mut und innerer Entschlossenheit, das andernfalls vielleicht unentdeckt geblieben wäre.

Die alte Weisheit, daß manche Leute auch aus Schaden noch etwas Gutes machen können, kann sich auch für Sie bewahrheiten. Einen großen Teil der Fortschritte bei der Heilung von Opfern von sexuellem Mißbrauch verdanken wir Menschen wie jener Autorin, die den Mißbrauch, den sie erlitten hatte, mutig aufarbeitete, geheilt wurde, und sich dann daranmachte, anderen zu helfen. Sie können das gleiche tun. Vertrauen Sie Gott, daß er Ihnen hilft.

Wie Sie einem anderen helfen können, seine Unschuld zurückzugewinnen

„Es war geradezu unheimlich, Al. Unmittelbar, nachdem wir bei unserem Treffen über die Wiederherstellung der Unschuld gesprochen hatten, rief mich eine alte Freundin an und sagte, sie müsse etwas loswerden, und ich sei der einzige, mit dem sie reden könne. Ich wäre niemals darauf gekommen, aber ihr Vater hatte sie als Kind sexuell belästigt, und alles war gerade ans Licht gekommen. Sie erzählte mir von dem Schmerz, den sie empfand, und daß sie den Gedanken hatte, sich umzubringen. Ich wußte nicht, was ich sagen sollte. Wie kann man so einem Menschen helfen?"

Jeder von uns kennt jemanden, der unter einer sexuellen Verletzung zu leiden hatte. Wenn wir nicht selbst dieser Jemand sind, dann ist es vielleicht unsere Tochter, unser Sohn, unser Nachbar oder die junge Ehefrau aus der Bibelstunde am Montagabend. In unserer sexuell freizügigen Zeit haben die Verletzungen zugenommen.

Ein teilnehmender und begabter Fachmann kann einem Menschen helfen, die benötigte Heilung zu erleben. Und ein fürsorglicher, einfühlsamer, weiser Nicht-Fachmann kann helfen, selbst wenn ein Fachmann dazu nicht in der Lage war. Nichts kann die gesunde Liebe und Fürsorge eines anderen Menschen ersetzen. Wenn Ihnen also der andere Mensch wirklich wichtig ist, können Sie helfen. Fehlgeleitete Liebe jedoch kann tiefe Wunden reißen. Um zu helfen, brauchen Sie nicht nur Anteilnahme, sondern auch Weisheit. Die folgenden Richtlinien können Ihnen diese Weisheit, wie zu helfen ist, vermitteln. Wenn Sie jedoch im Zweifel sind, wenden

Sie sich an einen Fachmann, der Anteil nimmt und weiß, wie Gott sexuelle Wunden heilt.

Männer für Männer, Frauen für Frauen

Sexuelle Anziehung ist ein mächtiger Einfluß, und sexuelle Lebensberatung kann Anziehungskräfte auslösen, die sich sonst nicht entwickeln würden. Da Lebensberater und Pastoren bisweilen der Versuchung zu einem sexuellen Zwischenspiel mit der Person, die sie berieten, nachgegeben haben, schreibt die Weisheit vor, daß idealerweise Männer Männern und Frauen Frauen helfen sollten. Jemand vom selben Geschlecht kann oft mehr Verständnis und Einsicht aufbringen als jemand vom anderen Geschlecht.

Außerdem werden nur wenige Klienten des anderen Geschlechtes richtig mit der Intimität fertig, die in einer sexuellen Lebensberatung entsteht. Frauen, die von einem Mann mißbraucht wurden, werden große Schwierigkeiten haben, sich einem männlichen Lebensberater anzuvertrauen. Bei einem männlichen Sexsüchtigen kann die Intimität einer Beratung durch eine Frau sein Verlangen noch mehr anheizen. Und leider ist eine kodependente weibliche Klientin eine einladende Beute für einen männlichen Lebensberater, der ihr die Bestätigung und Intimität gibt, die sie sich wünscht, um den Sex zu bekommen, den er will. Lieber auf Nummer Sicher gehen, als hinterher etwas bereuen müssen.

Bereiten Sie sich vor

Der Umgang mit dem Bereich der Sexualität ist schwierig. Er erfordert, daß Sie sich mit Ihrer eigenen Sexualität und Ihren ungelösten sexuellen Problemen auseinandersetzen. Die beste Voraussetzung, um anderen zu helfen, besteht darin, daß Sie diesen Bereich zuerst bei sich selbst aufarbeiten. Alkoholiker auf dem Weg der Heilung können denen helfen, die

180

noch in der Gebundenheit stecken, weil sie sich mit ihrer eigenen Schwäche auseinandergesetzt und Gottes Kraft und Gnade erkannt haben.

Es ist auch wichtig, daß Sie sich vorbereiten, indem Sie alles über sexuelle Probleme und Themen lesen, was Sie können. Wissen hilft Ihnen, Ihre Fähigkeit, Menschen zu helfen, zu verfeinern. Und lesen Sie die Bücher nicht nur, sondern unterstreichen Sie darin, studieren Sie sie, denken Sie über das Material nach und versuchen Sie, es in Ihrem Leben in die Tat umzusetzen. Das wird Ihnen zusätzliche Einsichten vermitteln, wie Sie helfen können.

Unterschätzen Sie jedoch nicht den Einfluß, den die Probleme eines anderen Menschen auf Ihr Leben haben können. Es kann Sie selbst tief verletzen, wenn Sie detaillierte Schilderungen von Mißbrauch, Perversion und Schmerzen anhören müssen. Vergewissern Sie sich, ob Sie wirklich in der Lage sind, die Lasten des anderen auf sich zu nehmen, ohne davon überwältigt zu werden. Die alten jüdischen Priester, die täglich Opfer darbrachten, brauchten ein Becken, um sich das Blut und den Schweiß abzuwaschen. Auch Sie brauchen etwas, womit Sie sich von diesen Lasten wieder befreien können. Freizeitaktivitäten und Gebet sind dabei eine Hilfe.

Achten Sie darauf, eine regelmäßige Gebets- und Andachtszeit zu haben. Das Gebet macht Sie bereit für die Führung Gottes und gibt ihm die Möglichkeit, durch Sie zu wirken. Schon viele Male habe ich im Gebet eine Antwort empfangen, die ich für eine Beratungssitzung brauchte. Ihre Andachtszeit wird Sie auch von den Sorgen und Erinnerungen reinigen, die Sie herunterziehen könnten. Außerdem ist es die Aufgabe eines Seelsorgers, dem anderen Gottes Botschaft der Hoffnung und der Heilung zu bringen. Wenn Sie versuchen, lediglich Ihre eigene Hoffnung und Botschaft weiterzugeben, werden Sie nicht weit kommen.

Bewahren Sie Stillschweigen

Die Bibel sagt: „Die Worte des Verleumders sind wie Leckerbissen, sie gleiten hinab in die Kammern des Leibes" (Sprüche 18,8; EinhÜ). Im Gespräch über Sexualität teilt man seine intimsten Gedanken, Gefühle und Überzeugungen mit. Wenn Sie in diese Geheimnisse eingeweiht werden, achten Sie unbedingt darauf, daß Sie nichts davon verlauten lassen; sonst könnten Sie der betreffenden Person schweren Schaden zufügen. Indem Sie taktlos eine sexuelle Einzelheit an einen anderen weitergeben, können Sie, falls es herauskommt, eine starke Schamreaktion provozieren, die den Betreffenden dazu treibt, sich zu verschließen und ungeheilt zu bleiben. Die meisten verwundeten Menschen brauchen gutes Zureden, um ihren Schmerz herauszulassen. Ihre Taktlosigkeit wird sie teuer zu stehen kommen. Ich kann nicht genug betonen, wie wichtig es ist, daß Sie über das Sexualleben eines anderen Menschen Stillschweigen bewahren.

Es gibt jedoch zwei Ausnahmen von dieser Regel. Ich wahre keine Diskretion, wenn ich weiß, daß ich dadurch das Leben des Betreffenden oder eines anderen in Gefahr bringe. Wenn ein Freund wegen seiner sexuellen Verwundung mit Selbstmord droht, sollte man ihn sofort bei der Polizei oder einer anderen zuständigen Stelle melden.

Die zweite Ausnahme sind Menschen, die andere durch Mißbrauch zu Opfern machen. Ihre Zwanghaftigkeit verletzt andere Menschen, und durch mein Schweigen würde ich begünstigen, daß das so weitergeht. In solchen Fällen stelle ich die Betreffenden vor die Wahl: Entweder machen sie selbst reinen Tisch, oder ich ergreife Maßnahmen, um ihren Mißbrauch aufzudecken. Das ist nicht nur im Interesse des Opfers notwendig, sondern es hilft auch dem Täter, gesund zu werden, indem er die volle Verantwortung für sein Handeln übernimmt. Versuchen Sie niemals, jemandem dabei zu helfen, Gesetzesverstöße oder Verletzungen gegen andere Personen zu verheimlichen. Damit erhalten Sie nur das Problem am Leben und verhindern, daß der oder die Betreffende geheilt werden kann.

Wem legen Sie Rechenschaft ab?

Professionelle Therapeuten unterziehen sich einer ausführlichen Ausbildung und Aufsicht. Außerdem nehmen sie ständig an interdisziplinären Personalkonferenzen teil, bei denen der Fall eines Klienten anderen Fachleuten vorgelegt wird, um ihren Beitrag dazu zu hören und ihnen Rechenschaft abzulegen. Dadurch wird gesichert, daß der Klient die bestmögliche Behandlung bekommt. Auch Pastoren, Gebetspartner, Laienseelsorger oder hilfsbereite Freunde brauchen Ausbildung, Aufsicht und Rechenschaftspflicht.

Wenn Sie einem anderen helfen wollen, dann stellen Sie sicher, daß Sie ihm auch etwas geben können, und dann legen Sie jemandem, der mehr weiß als Sie, darüber Rechenschaft ab. Das ist eine Sicherheitsmaßnahme, die sowohl in Ihrem als auch in dem Interesse der Person liegt, der Sie helfen wollen. Dadurch bleiben Sie ehrlich und auf dem richtigen Weg. Wenn man Tag für Tag mit jemandem arbeitet und für ihn betet, wird man leicht kurzsichtig. Sie können aus dem Blick verlieren, was wirklich notwendig ist. Es kann auch sein, daß Sie unwissentlich zu einem ungesunden zwischenmenschlichen Verhaltensmuster beitragen. Die Rechenschaftspflicht hilft Ihnen, auf der richtigen Spur zu bleiben.

Wenn Sie niemanden finden können, der mehr als Sie von sexueller Lebensberatung versteht, um ihm Rechenschaft abzulegen, dann suchen Sie sich jemanden aus Ihrem Bekanntenkreis, der Ihnen die Wahrheit sagt. Die Rechenschaftspflicht dient dem Zweck, Sie darauf festzunageln, das zu tun, was Sie sich vorgenommen haben. Eine vertrauenswürdige Autoritätsperson kann dafür sorgen, daß Sie bei Ihrem Vorsatz bleiben. So kann auch eine solche Rechenschaftspflicht eine Hilfe sein.

Helfen Sie den Leuten – versuchen Sie nicht, sie „in Ordnung zu bringen"

Unser Friedenskorps hat das Motto „Hilfe zur Selbsthilfe" berühmt gemacht. Ihr Ziel muß das gleiche sein. Es ist ein Unterschied, ob Sie einem Menschen helfen oder ihn in Ordnung bringen, und dieser Unterschied liegt in der Verantwortung und in der Kontrolle. Wenn Sie zuviel Verantwortung für andere übernehmen, dann werden sie diese Verantwortung nicht selbst übernehmen. Sollte es notwendig sein, daß Sie ihnen viel Verantwortung abnehmen, weil sie sie selbst nicht tragen können, dann muß sich ein Fachmann mit ihnen befassen. Nur wenige von uns können das Leben eines anderen auf gesunde Weise in die Hand nehmen, ohne dafür ausgebildet zu sein. Außerdem kann das dazu führen, daß Sie in eine Position der Kontrolle hineingedrängt werden, die ungesund für Sie ist, weil Sie Ihre Frustration oder Ihren Stolz hervorruft.

Eines der verräterischen Zeichen dafür, daß Sie versuchen, jemanden in Ordnung zu bringen, anstatt ihm zu helfen, ist das Maß, in dem Sie seine Fortschritte als Ihr Verdienst betrachten. Je mehr Sie alles als Ihr eigenes Verdienst ansehen, desto weniger sprechen Sie das Verdienst Gott und dem Betroffenen selbst zu. Das ist Stolz, und wir alle sind für seine subtile Verlockung anfällig. Auch wenn die Person zu sehr von Ihnen abhängig wird, nehmen Sie wahrscheinlich zuviel Verantwortung auf sich. Legen Sie einiges davon ab, aber ziehen Sie sich nicht einfach zurück. Damit würden Sie nur einen Menschen noch mehr verletzen, der bereits Schmerzen hat. Suchen Sie sich einen Menschen Ihres Vertrauens, der Ihnen helfen kann, an dieser Abhängigkeit zu arbeiten.

Drei Dinge, die Sie immer tun müssen

Wirksame Hilfe hat drei grundlegende Eigenschaften. Ich nenne sie „die drei Dinge, die man immer tun muß". Es sind:

1. Hören Sie mehr zu, als daß Sie reden.
2. Seien Sie immer liebevoll wahrhaftig.
3. Helfen Sie dem anderen, sich selbst und Gott ins Gesicht zu sehen.

Die meisten Leute, die anderen Menschen helfen wollen, werden durch diese drei Richtlinien ein gutes Stück weiterkommen. Wenn Sie mehr zuhören, als daß Sie reden, werden Sie mehr dazu neigen, die Person wirklich zu hören, und weniger dazu, schlechte Ratschläge zu geben. Die Menschen brauchen jemanden, der ihnen bis zu Ende zuhört. Durch aktive Zuhörtechniken können Sie lernen, wie man Fragen stellt, die direkt zum Kern der Sache vorstoßen. Und die Fähigkeit, die richtigen Fragen zu stellen, ist eines der wichtigsten Werkzeuge, die ein Ratgeber haben kann.

Die Fragen sollten mit dem Hier und Jetzt beginnen. Was ist passiert? Was empfinden Sie dabei? Wie haben Sie reagiert?

Die nächsten Fragen beziehen sich auf das Dort und Dann. Ist das schon einmal vorgekommen? Was haben sie empfunden, als es das erste Mal passierte? Was haben sie damals getan? Steckt in Ihrem Verhalten ein Muster?

Solche tastenden Fragen helfen, zum Kern des Problems vorzustoßen. Dabei sind auch Beispiele eine Hilfe; und indem Sie laut zusammenfassen, was Sie gehört haben, signalisieren Sie dem anderen, daß Sie wirklich zuhören.

Dieses Fragen darf jedoch nicht zu einem Verhör ausarten. Es muß behutsam und mit Einfühlungsvermögen geschehen. Sexuell verwundete Menschen brauchen Zeit und Unterstützung, um ihre Verletzung ans Licht zu bringen.

Darum müssen Sie auch immer liebevoll wahrhaftig sein. Mit der Wahrheit hinter dem Berg zu halten, um die Gefühle des anderen nicht zu verletzen, ist in Wirklichkeit nur eine Selbstschutzmaßnahme, die niemandem etwas nützt. Die Leute müssen hören, was andere denken. Die einzigen Voraussetzungen sind, daß Sie erstens deutlich machen, daß das, was Sie sagen, *Ihre* Meinung ist, nicht Gottes Meinung; zweitens dem anderen Ihre Meinung *sagen*, nicht sie ihm *aufzwingen*, drittens alles aus einer Haltung der Liebe heraus sagen. Liebe ist das notwendige Gegengewicht zur Wahrheit, indem sie den Schmerz der scharfen Schneide der Wahrheit lindert.

Ihr Ziel ist es, der Person zu helfen, sich den Dingen in ihrem Leben zu stellen, die der Heilung bedürfen, und sich dann Gott zu stellen. Aber nur Gott kann in der Tiefe die Wunden des Geistes heilen, an denen wir alle leiden. Ihre Aufgabe ist es, ein Führer zu sein, der dem anderen hilft, den Pfad zu seiner Heilung zu finden, nicht zu Ihrer Heilung.

Vor dem Hintergrund dieser drei Prinzipien möchte ich Ihnen nun ein Modell für die Heilung sexueller Wunden vorstellen. Ein solches Modell birgt eine Gefahr in sich: Sie könnten auf den Gedanken kommen, es müsse immer auf genau die gleiche Art und Weise funktionieren. Doch ein Modell ist nur ein Prototyp des Endproduktes; es dient als Richtschnur, während man auf das Endresultat hinarbeitet. Benutzen Sie also dieses Modell als Richtlinie, und vergessen Sie dabei nicht, daß der Pfad zur Heilung bei jedem Menschen unterschiedlich verlaufen wird.

Wie man Frauen von den Folgen sexuellen Mißbrauchs heilt

1. Ermuntern Sie das Opfer, genau zu schildern, was geschehen ist und was es darüber empfindet. Scham ist die verborgene Nachwirkung sexuellen Mißbrauchs. Indem man den Opfern hilft, darüber zu reden, was geschehen ist und wie sie es empfinden, während man ihnen gleichzeitig positive Unterstützung und Bestätigung gibt, kann man die Scham zerstreuen. Auch die posttraumatische Streßreaktion wird aufgelöst, wenn die Person reichlich Gelegenheit bekommt, über das zu reden, was damals verboten war. Die detaillierte Erörterung hilft dem Opfer, sich mit dem Geschehenen auseinanderzusetzen und mit der Verarbeitung zu beginnen.

Wenn die Person sich widersetzt, ermutigen Sie sie, aber wenden Sie keinen Zwang an. Die Öffnung muß die Entscheidung der Betroffenen sein, nicht Ihre.

2. *Ermutigen Sie dazu, die Situation und den Täter ans Licht zu bringen.* Wie ich schon gesagt habe, sollten Sie niemals einen Täter schützen. Gebrauchen Sie Weisheit, wenn Sie ein Opfer auffordern, die Situation offenzulegen, aber begünstigen Sie nicht die Angst. Die Dinge mögen zwar etwas durcheinander geraten, wenn sie ans Licht gebracht werden, aber das Ergebnis ist meistens heilsam.

Gott belohnt eine offene, anteilnehmende und ehrliche Konfrontation. Die verborgenen Geheimnisse des Mißbrauchs faulen mit der Scham vor sich hin. Es erfordert Mut, das Geschwür zu öffnen, aber nur so wird der Weg frei für das Licht und die Luft, die für die innere Heilung notwendig sind.

3. *Gehen Sie gemeinsam mit der Betroffenen in der Gegenwart Jesu jede Erinnerung durch.* Indem Sie Jesus in die Gleichung einführen, werden sich nicht nur die Wahrnehmungen verändern, sondern seine willkommene Gegenwart kann auch Heilung bringen. Wenn das Opfer über das Geschehene mit Jesus spricht, sollte es dabei seine innersten Gefühle, Gedanken und Wünsche offenbaren.

4. *Filtern Sie die falschen Urteile und Vorsätze heraus, die das Opfer aufgrund des Mißbrauchs gefaßt hat.* Erforschen Sie gemeinsam mit dem Opfer dessen innere Wahrnehmung von Männern, Sex, Intimität, Berührung, Vorspiel, Orgasmus, oralem Sex, männlichen Geschlechtsteilen usw. Durch den Mißbrauch können in all diesen Bereichen starke negative Einstellungen entstanden sein. Wenn Sie darüber beten und reden, werden die falschen inneren Urteile und Vorsätze zum Vorschein kommen. Manche sind gleich offensichtlich, andere sind subtiler. Ein Tagebuch kann helfen, sie herauszufiltern. Auch dadurch, daß das Opfer sein gegenwärtiges Den-

ken mit der biblischen Wahrheit vergleicht, können die Urteile und Vorsätze ans Licht gebracht werden.

5. *Helfen Sie dem Opfer, die falschen inneren Vorsätze und Urteile, die es gefaßt hat, zu widerrufen und die Wahrheit zu bekennen.* Falsche innere Einschätzungen sind Hindernisse für eine gesunde Sexualität. Indem die Betroffene sie im Gebet widerruft und Gottes Wahrheit bekennt, kann sie anfangen, die Macht zu brechen, die diese Vorsätze und Urteile über sie haben. Und die Bestätigung der Wahrheit ist der erste Schritt, um sich eine neue und gesündere innere Botschaft einzuprägen. Diese neu angenommenen Wahrheiten können eine wirksame Waffe im Umgang mit hartnäckigen falschen Vorstellungen sein.

6. *Erkennen Sie alle Bereiche, in denen sich durch den Mißbrauch falsche und echte Schuldgefühle breitgemacht haben.* Opfer von Mißbrauch sind beladen mit Schuldgefühlen und denken oft, der Mißbrauch sei allein ihre eigene Schuld gewesen und sie hätten ihn verursacht. Helfen Sie ihnen zu erkennen, daß dies falsche Schuldgefühle sind, die sich aus ihrer Unfähigkeit ergeben, die Situation gut genug unter Kontrolle zu haben, um den Mißbrauch zu verhindern.

Andererseits haben sie möglicherweise Fehler gemacht oder Dinge getan, durch die sie sich in eine verwundbare Situation gebracht haben, die dem Mißbrauch die Tür öffnete. Das sind Bereiche der Schuld, die sie bekennen müssen, ohne sich dabei einzureden, sie hätten den Mißbrauch selbst verursacht. Wer immer der Täter war, trägt allein die Schuld daran. Wenn das Opfer sich verführerisch oder töricht verhalten hat oder auch seinen Eltern oder anderen ungehorsam war, muß es die Verantwortung für sein falsches Verhalten übernehmen, aber nicht für den Mißbrauch selbst.

Machen Sie sich klar, daß dies ein schwieriges Gebiet ist, auf dem große Sorgfalt notwendig ist. Wenn Ihre Kenntnisse nicht ausreichen, um dem Opfer zu helfen, zwischen echter und falscher Schuld zu unterscheiden, holen Sie sich den Rat eines erfahrenen Pastors oder Lebensberaters, bevor Sie diesen Bereich mit Ihrer Freundin aufarbeiten.

7. Helfen Sie dem Opfer, ein etwaiges Fehlverhalten zu bekennen und Vergebung dafür zu empfangen. Dieser Schritt kann die Befreiung von aller echten Schuld bringen. Da viele erst die Worte „dir ist vergeben" hören müssen, bevor es für sie real wird, werden Sie vielleicht helfen müssen, indem Sie die Vergebung aussprechen. Wenn jedoch immer noch Schuldgefühle zurückbleiben, suchen Sie nach anderen Wurzeln dafür. Möglicherweise gibt es noch andere verdrängte Ereignisse, die untersucht und bekannt werden müssen; beispielsweise kann eine Frau, die sich nie mit ihrer früheren Promiskuität auseinandergesetzt hat, sich schuldig fühlen, wenn sie vergewaltigt wurde, so, als hätte sie die Vergewaltigung verdient. Wenn die echte Schuld aus dem Weg geräumt ist, werden auch die falschen Schuldgefühle verschwinden.

8. Führen Sie das Opfer dazu, dem Täter zu vergeben. Vergebung ist der Schlüssel zur Befreiung von der Vergangenheit. Doch die Gefühle der Verletzung, des Schmerzes, der Verbitterung oder der Angst müssen zuerst aufgearbeitet werden. Auch die Erinnerungen müssen vollständig überprüft und losgelassen werden. All das braucht Zeit. Vergebung ist das Ziel, aber sie darf nicht als subtiles Mittel dienen, um die Aufarbeitung des Erlebnisses zu vermeiden.

9. Beten Sie um Befreiung von der Scham und der Verletzung. Die Scham und der Schmerz verschwinden häufig durch Gebet. Wie es in der Bibel verheißen wird, vermag das wirksame Gebet eines gläubigen Menschen viel. Beten Sie also um Reinigung von der Scham, und bitten Sie Gott, den Makel wegzunehmen, den die Person aufgrund des erlittenen Mißbrauchs empfindet. Bitten Sie auch darum, daß die Wunde des Übergriffs beseitigt und das Opfer vollständig von jeder emotionalen oder geistlichen Bindung an den Täter befreit wird. Ihre Gebete werden sowohl Gottes heilende Hand herbeirufen als auch dem Opfer Ermutigung bringen, denn es ist wirklich eine Hilfe, wenn man jemanden für einen selbst beten hört – selbst wenn es einem ein wenig peinlich ist.

10. Lassen Sie sich Zeit. Diese Schritte erfordern Zeit und Mühe. Ich habe erlebt, wie Gott eine lange verborgene Erinnerung an einen Mißbrauch in einer einzigen Beratungssitzung heilte, aber ich habe mit manchen mißbrauchten Menschen auch jahrelang arbeiten müssen, bis die Heilung kam. Beides ist möglich, je nach den Umständen und der Persönlichkeit des einzelnen.

Heilung für die Erinnerung an eine Abtreibung

Es gibt immer mehr Hinweise darauf, daß Abtreibung bei Frauen eine posttraumatische Streßreaktion auslöst, besonders bei solchen Frauen, die Kindern und dem Leben einen hohen Wert zumessen. Ich habe vielfach erlebt, daß Frauen unerwartet in Tränen ausbrachen, als wir über frühere Abtreibungen sprachen. Wo es versäumt wird, den Verlust und die Schuldgefühle einer Abtreibung aufzuarbeiten, kann es zu einer verspäteten Reaktion kommen. Darüber hinaus können dadurch verschiedene Probleme von Depressionen und Erschöpfungszuständen bis zu gehemmtem sexuellem Verlangen und kodependentem Sexualverhalten entstehen.

Um einer Frau zu helfen, nach einer Abtreibung Heilung zu finden, folgen Sie den oben aufgelisteten Schritten. Außerdem ermutigen Sie sie zu der Erkenntnis, daß sie den Verlust des Kindes betrauern muß, als ob das Kind geboren worden und dann gestorben wäre. Der normale Ablauf eines Trauerprozesses gilt auch für den Fall einer Abtreibung. Sie wird die Stadien der Verleugnung, des Zorns, der Depression, des Feilschens und der Schuldgefühle durcharbeiten müssen, bevor die Lösung kommt.

Fordern Sie die Frau auf, dem Baby einen Namen zu geben. Dadurch gibt sie ihm eine Identität und durchbricht die

Verleugnung, so daß sie für Trauer und Trost offen wird. Wirken Sie auf sie ein, daß sie das Baby Jesus zu Füßen legt und ihn bittet, ihr zu vergeben und auch das Kind in ihrem Namen um Vergebung zu bitten. Diese Schritte können auch im Fall einer Fehlgeburt sehr heilsam und befreiend wirken.

Die Heilung zwanghafter sexueller Verhaltensweisen

Viele der Prinzipien bei der Heilung sexuell mißbrauchter Frauen gelten auch für die Heilung von zwanghaften sexuellen Verhaltensweisen. Ich werde diese Prinzipien kurz auflisten und auf die zusätzlich notwendigen Schritte näher eingehen.

1. Die Person muß die Zwanghaftigkeit zugeben. Jedes zwanghafte Verhalten macht es erforderlich, daß das Problem vollständig zugegeben wird, bevor eine Veränderung eintreten kann.

2. Der Betreffende muß einen etwaigen körperlichen oder emotionalen Mißbrauch durch eine andere Person aufdecken und verarbeiten. Mißbrauch zieht weiteren Mißbrauch nach sich; deshalb kann die Macht der Zwanghaftigkeit durch die Heilung des früheren Mißbrauchs durchbrochen werden.

3. Helfen Sie der Person, Vorfälle aufzudecken und zu verarbeiten, durch die sie sich beraubt fühlt. Zur Verarbeitung der Beraubung gehört, über das, was hätte sein können oder sollen, zu trauern sowie den Traum loszulassen, das Vorenthaltene doch noch zu erlangen. Die Person muß über den Verlust trauern, bevor es zur Annahme und Heilung kommen kann.

4. Bewegen Sie die Person dazu, sich an ihre ersten sexuellen Erlebnisse zu erinnern und dabei Jesus in ihr Leben einzuladen und sich von ungesunden ersten Prägungen loszusagen.

191

5. Die Person muß jegliche sexuelle Verletzung eines anderen rückhaltlos offenbaren und, wo immer möglich, dafür um Vergebung bitten.

6. Helfen Sie der Person, ihre inneren Urteile und Vorsätze in bezug auf Sex, Sexualität, Frauen, Männer usw. aufzudecken.

7. Helfen Sie Ihrem Freund, falsche Urteile und Vorsätze zu widerrufen und die Wahrheit zu bekennen.

8. Stehen sie dem Betreffenden zur Seite im Gebet um Befreiung von jeglicher emotionaler oder geistlicher Gebundenheit an andere einschließlich pornographischer Darstellungen, die er immer noch empfindet.

9. Bewegen Sie die Person dazu, etwaige Erinnerungen aus der Vergangenheit oder aus der Phantasie, die sie nicht abschütteln kann, an Jesus abzugeben. Er wird eine Veränderung der Wahrnehmung und der Widerstandskraft bewirken.

10. Beten Sie gegen die Zwanghaftigkeit an, und nehmen Sie im Namen Jesu die Vollmacht darüber in Anspruch. Ein Sexsüchtiger, der von seiner Zwanghaftigkeit befreit wird, erlebt dasselbe Geschenk der Befreiung wie ein Alkoholiker, der nicht mehr den Zwang zu trinken verspürt. Beide Formen von Zwanghaftigkeit beziehen ihre Macht aus dem geistlichen Bereich; die Befreiung von ihnen ist ein freies Geschenk Gottes, das durch Hingabe und Gebet in Anspruch genommen werden kann.

11. Verpflichten Sie die Person zur Rechenschaft. Der Betreffende wird nur zu leicht wieder vom Weg abkommen, falls nicht jemand regelmäßig nachfragt und von ihm Rechenschaft über seinen erklärten Plan zur Heilung fordert.

Jedes dieser Modelle, die ich hier vorgestellt habe, ist eine Methode, von der ich weiß, daß sie sowohl von Fachleuten als auch von Laien angewendet worden ist, um sexuell verwundeten Menschen zu helfen. Indem Sie diese Schritte in Ihrem eigenen Leben anwenden, werden Sie besser in der Lage sein, auch anderen zu helfen. Wie bei dem letzten Schritt des Programms der Anonymen Alkoholiker, in dem gefordert wird, daß die Person anderen Alkoholikern davon erzählt, was sie gelernt hat, setzt sich, wenn wir andere Bedürftige an unseren Heilungsfortschritten teilhaben lassen, unsere Heilung fort, während auch sie Heilung finden.

Was ich Ihnen hier dargestellt habe, ist das, was ich selbst erfahren und im Leben von zahllosen anderen Menschen beobachtet habe. Wenn Gott Ihre Unschuld wiederherstellt, dann geben Sie diese Hoffnung auch an andere weiter, die sie brauchen.

Glauben Sie an den Gott, der Sie heilt

Es ist schwer, zu glauben, daß Gott in die gewöhnlichen Ereignisse des Lebens eingreift, um uns zu heilen, solange Sie es nicht selbst gesehen oder den Bericht eines anderen gehört haben. Ich hatte das Vorrecht, für viele verwundete Frauen und Männer beten zu dürfen, und ich habe gesehen, wie Gott gebrochene Herzen heilte, schmerzhafte Erinnerungen löste und ungesunde Prägungen veränderte. Wenn ich anderen davon erzähle, finde ich immer Interesse. Häufig stoße ich auf Skepsis. Viele zweifeln daran, daß Gott persönlich eingreift, hoffen aber merkwürdigerweise, daß es wahr sei. Wenn Sie mit der Frage kämpfen, ob Gott Sie oder jemanden, den Sie lieben, heilen wird, dann hoffe ich, daß die folgende Geschichte Sie ermutigen wird.

Ich lernte Bob auf einer Schriftstellertagung kennen. Als wir uns unterhielten, erzählte er mir eine tief bewegende Geschichte – eine wahre Geschichte über Gottes direktes Eingreifen in seinem Leben. Ich habe seinen geschriebenen Bericht aufbewahrt, weil ich wußte, daß er für dieses Buch bestimmt war. Er beschreibt, was ich viele Male beobachtet habe – Gottes heilende Berührung.

Bobs Geschichte

Ich genoß den ersten kühlen Morgen im Herbst, als ich vor Swensens Restaurant saß und auf meine Freundin Janie wartete. Es war ein merkwürdiges Gefühl, wieder zu ihrem Leben zu gehören. So viele Jahre, angefüllt mit so vielen verschiedenen Gefühlen und Ereignissen, waren zu einem Teil unserer Geschichte geworden. Nachdem wir mehrere Jahre lang nur wenig Kontakt zueinander gehabt hatten, kamen wir nun auf unsere Freundschaft zurück.

Als sie die Terrasse des Restaurants betrat, lächelte und winkte sie in ihrer vertrauten, eifrigen Art. Sie hatte etwas an sich, das Männer unweigerlich ansprach. Da war etwas von einem verwundbaren kleinen Mädchen, vermischt mit einer weichen und verführerischen Frau, das auf irgendeine Weise der Phantasie eines jeden Mannes entgegenzukommen schien.

Wir saßen an jenem Morgen zusammen und blickten auf eine Freundschaft zurück, die zehn Jahre und eine unglaubliche Vielzahl verschiedener Beziehungen überspannte. Wir waren Freunde, Liebhaber, entfremdete Liebhaber und wieder Freunde gewesen. Ich war für sie ein Vertrauter, ein Geliebter, ein Verehrer und vor allen Dingen immer ein Freund gewesen.

Wir brachten an jenem kühlen Morgen viele Dinge mit an den Frühstückstisch. Ich hatte gerade nach mehreren Jahren als alleinerziehender Vater wieder geheiratet. Sie hatte kürzlich ihren Job verloren und erholte sich von einer destruktiven Beziehung. Wir lachten darüber, wie offenbar immer abwechselnd einer von uns „himmelhoch jauchzend" und der andere „zu Tode betrübt" gewesen war. Doch an diesem Morgen auf der Restaurantterrasse schien das alles seine Richtigkeit zu haben.

Wir unterhielten uns darüber, wie es ihr in den letzten paar Jahren ergangen war. Sie erzählte davon, wie sie sich immer wieder selbst bestrafte, indem sie sich auf Beziehungen und Situationen einließ, die ungesund und destruktiv waren. George war der letzte in einer langen Reihe von Männern gewesen, die von ihrer Schönheit angezogen wurden, sie aber dann ausnutzten und schließlich verließen. Unter der oberflächlichen Ruhe dieses Morgens spürte ich die immer tiefer werdende Tragödie ihres Lebens. Sie war fünfunddreißig Jahre alt und schön, aber allein.

Sie kam aus einem glänzenden, öffentlichen Beruf, aber

jetzt war ihre berufliche Identität in Frage gestellt. Offenbar war sie nicht in der Lage, die Selbstachtung und Motivation aufzubringen, die nötig war, um aus den destruktiven Verhaltensmustern auszubrechen.

Mein Bewußtsein dieser verborgenen Faktoren war nur ein Teil des Bildes, das sich an jenem Morgen bot. Ich war mir auch bewußt, daß ich auf mysteriöse Weise von neuem zu ihr hingezogen wurde. Die Verwundbarkeit, die sie ausstrahlte, übte ihren Bann auf mich aus, wie sie es schon so viele Male zuvor getan hatte. Wir redeten und lachten und trennten uns mit dem Vorsatz, uns wieder einmal zum Frühstück zu treffen und unsere Freundschaft weiter zu pflegen.

Auf dem ganzen Weg ins Büro blinkten in meinem Kopf die Alarmsignale. Hier war mehr als nur Freundschaft im Spiel. Ich war dabei, verführt zu werden, nicht bewußt oder absichtlich, aber dennoch verführt. Und ich beteiligte mich bereitwillig an diesem Vorgang.

Zu vieles stand auf dem Spiel. Wir trafen uns wieder bei Swensens und redeten offen über das, was vor sich ging. Warum wiederholte sich dieses Muster? Was spielte sich zwischen uns ab? Daß wir diese Dynamik offen ansprachen, wirkte, als hätten wir die Bombe entschärft. Die Dynamik existierte immer noch, aber ihre Sprengkraft war dahin. Wir konnten unsere Freundschaft auf relativ sicherem Boden fortsetzen.

Im Laufe der Monate begann Janie, ihre Ängste ausführlicher zu schildern. Eines Morgens kam sie an einen Punkt, wo die Tränen flossen, als wollten sie nie wieder versiegen. Von Schluchzen unterbrochen, erzählte sie schließlich leise von einem Vorfall, der sich ereignet hatte, als sie zwölf Jahre alt war. Ein erwachsener Onkel hatte sie während der Sommerferien, die sie mit ihren Eltern an einem See verbrachte, sexuell belästigt. Zweimal war das vorgekommen – das zweite Mal an einem Bootssteg, während sie und ihr Onkel auf ihre Eltern warteten.

Allmählich verstummte ihr Schluchzen. „Ich habe noch nie jemandem davon erzählt, noch nie", flüsterte sie. „Ich wußte, daß er etwas Falsches und Furchtbares tat, aber ich wußte nicht, wie ich es verhindern konnte. Als ich später meinen Eltern davon erzählte, waren sie stinksauer auf *mich*! Aber das Schlimmste ist, Bob, daß mir das ganze zwar Angst und Übelkeit erregte, aber ich mich trotzdem daran erinnere, daß es ein gutes Gefühl war. Seitdem ist kein Tag vergangen, ohne daß sich dieser Vorfall am Bootssteg vor meinem geistigen Auge von neuem abspielt. Seit dreiundzwanzig Jahren werde ich jeden Tag daran erinnert, was für ein schändliches Frauenzimmer ich bin.“

„Warum bist du ein schändliches Frauenzimmer?“

„Weil ich es geschehen ließ und weil es ein gutes Gefühl war.“

Ich hielt schweigend ihre Hand, während die Minuten verrannen. Ich war vollkommen hilflos. Die Tragödie eines jungen Mädchens, daß so viele Jahre ein solches Schuldgefühl mit sich herumgetragen hatte, war niederschmetternd. Kein Wunder, daß sie sich durch ihre Beziehungen selbst bestrafte. Kein Wunder, daß sie sexuell verwirrt war.

Ich suchte krampfhaft nach Worten. Doch mit Worten ließen sich die Tiefen ihrer Seele nicht heilen, die so schwer verwundet worden waren. Kein guter Rat kam aus meinem Mund. Nicht einmal Worte über den Trost, den ihr Gott geben konnte. Ich hatte keinen Trost zu geben außer meiner Freundschaft.

Als ich in der Stille meines Autos allein war, kämpfte ich gegen meine Hilflosigkeit an. Meine Beziehung zu Gott war verflacht und ohne Kraft. Ich war in tiefer Verlegenheit, weil ich selbst mich immer noch insgeheim zu Janie hingezogen fühlte. Wie konnte ich auch nur daran denken, der nächste in der langen Reihe von Männern zu sein, die sie mißbraucht hatten?

Unsere Freundschaft ging weiter. Sie fing eine neue Gesprächstherapie mit einem Psychologen an, der auf diesem Gebiet einen guten Ruf hatte. Ihr Leben beruhigte sich etwas, aber es glitt allmählich nach unten ab. Ich stolperte weiterhin meinen eigenen, trübe beleuchteten geistlichen Weg

entlang und versuchte, Ehemann, Vater und Lehrer zu sein –
all das mit nur wenig Kraft von Gott.

Im Februar nahm ich widerwillig an einer dreitägigen
Männerfreizeit teil. Das Motto der Veranstaltung lautete
„Der Weg nach Emmaus", und sie war mir von meinen
wohlmeinenden Freunden, die mich mit ihrem geistlichen
Enthusiasmus zum Wahnsinn trieben, in den höchsten Tö-
nen angepriesen worden. Um sie endlich zum Schweigen zu
bringen, nahm ich mir die drei Tage Zeit.

Mein Widerwille schwand, als der erste Abend mit Schweigen und Gebet begann. Ich wußte mit einer Sicherheit, die
aus einem geheimen Ort tief in meinem Inneren zu entsprin-
gen schien, daß ich zu einem bestimmten Zweck hier war.
Ich meditierte über die Stationen des Kreuzweges und
spürte, wie sich eine tiefe Stille in meinen unruhigen Geist
legte. Meine Uhr wurde konfisziert, und ich schlief in dieser
Nacht ohne eine Möglichkeit, den Ablauf der dunklen Stunden zu verfolgen. Ich erwachte zu einer weiteren Schweige-
zeit und verspürte die Erwartung, das in den kommenden Tagen eine Stimme irgendwie zu mir sprechen würde.

Das Schweigen wurde beim Frühstück gebrochen, und danach versammelte ich mich mit vierzig anderen Männern
zum Austausch und Lernen. Jede Stunde brachte neue Überraschungen der Liebe und Fürsorge von alten Freunden und
von Leuten, denen ich noch nie begegnet war. Ich wurde auf
einer stillen Entdeckungsreise mitgezogen.

Am Samstagabend hatten wir einen Gottesdienst, in dessen Verlauf unversehens auch für Janies Heilung gebetet
wurde. (Ich hatte zuvor einem Freund über meinen Anteil an
ihren Wunden berichtet.)

Die Freizeit ging in einem Geist des Friedens und der
Liebe unter allen Teilnehmern weiter. Ich fühlte mich still
und erneuert, während ich in der Abschlußzeremonie saß.
Ich verspürte ein neues Gefühl der Befreiung und des Sinns.

Am folgenden Dienstag hatte ich mein wöchentliches
Frühstückstreffen mit Janie. Sie betrat das Restaurant mit
dem üblichen Lächeln und Winken. Ich war begierig, ihr von

meiner Freizeit und den Anfangsschritten der Stille und des Friedens, die ich getan hatte, zu erzählen, aber bevor ich anfangen konnte, fing sie mit einer von neuem Selbstvertrauen erfüllten Stimme zu reden an.

„Bob, mir ist etwas ganz Wunderbares passiert. Am Samstagabend bin ich früh zu Bett gegangen und gegen elf Uhr aufgewacht. Ich hatte ein lebhaftes Bild von dem Vorfall am Bootssteg vor Augen. Ich dachte, es wäre die übliche Phantasie und Erinnerung, mit der ich so lange gelebt habe, aber diesmal war es ganz anders. Bob, ich bin geheilt! Der Vorfall ist mir seitdem nicht mehr in den Sinn gekommen!"

„Wann, sagst du, ist das passiert?" fragte ich leise.

Elf Uhr! Genau die Zeit, zu der unser Gottesdienst stattgefunden hatte!

Ich jubelte mit Janie, während ich innerlich versuchte, unsere Erfahrung zu verarbeiten und noch etwas von meinem Skeptizismus zu bewahren. Doch die Entscheidungsschlacht war gewonnen. Ich konnte nicht länger an Gottes Heilung zweifeln.

In den Jahren seit diesem Vorfall ist Janie vollkommen frei von ihrer Wunde der Selbsterniedrigung gewesen. Sie ist zu neuen Kämpfen und Heilungen auf ihrer Reise mit Gott weitergegangen, und ich habe meine eigene Reise fortgesetzt. Wir sind immer noch enge Freunde. Wir sind Zeugen für die Macht Gottes, zu befreien, zu heilen und zu lieben, auf eine Weise, die unsere eigene Macht der Manipulation und unser Bedürfnis übersteigt. Im Vertrauen auf seine heilende Gegenwart bringe ich immer wieder meine Wunden zum Altar, damit sie geheilt werden.

Hindernisse der Heilung

Aus Bobs Geschichte können wir eine Reihe von Dingen lernen. Janies immer wiederkehrende Erinnerung an den Mißbrauch ist eine verbreitete Erscheinung, wie auch das Empfinden von Scham über die angenehmen Gefühle, die sie hatte. Darum kann ein Erlebnis des Mißbrauchs in der frühen Kindheit einen Menschen in solche Verwirrung stürzen. Häufig empfindet das Mädchen oder der Junge nicht nur eine Abneigung gegen das Erlebnis, sondern auch körperlich angenehme Gefühle, aber sie wissen nicht, wie sie das Erlebnis verarbeiten und zu einer gesunden Lösung kommen können.

Auch Janies Promiskuität ist eine häufige Folge des Mißbrauchs. In Verbindung mit gestörten Mustern in ihrer Familie löste der Mißbrauch bei ihr eine kodependente und bisweilen auch zwanghafte Neigung aus, sich durch Sex Liebe zu verschaffen. Ihre Schönheit verschärfte das Problem, weil sich Männer leicht zu ihr hingezogen fühlten und ihr die Liebe gaben, nach der sie strebte, um den Sex zu bekommen, den ihre verführerische Art verhieß.

Die Heilung ihrer Erinnerungen kam durch Gottes direktes Eingreifen. Vergessen Sie jedoch nicht, daß diese Heilung erst eintrat, *nachdem* sie sich durch Lebensberatung und Gebet mit ihrer Vergangenheit auseinandergesetzt hatte. Sie kam auch, als Bob sich seinem Beitrag zu dem Problem stellte. Gottes direktes Eingreifen kommt oft, nachdem der Boden gepflügt, der Same gesät und das Feld bewässert worden ist. Wir müssen bereit sein, uns heilen zu lassen. Die Hindernisse liegen bei uns, nicht bei ihm.

Ich glaube, es gibt in der Hauptsache zwei Hindernisse für Gottes Heilung. Das erste besteht darin, daß wir unsere Wunden nicht erkennen oder zugeben. Ein von Herzen kommendes Bekenntnis unseres Bedürfnisses nach Heilung ruft Gottes Barmherzigkeit und Fürsorge heraus, und es macht uns für die Heilung bereit. Viele meinen, sie müßten die Last ihrer Wunden allein tragen. Aber diese Selbstgenügsamkeit läßt sich nicht mit der Abhängigkeit von Gott vereinbaren. Sie können sich nicht auf Ihre eigene Kraft verlassen, sich selbst zu heilen, wenn Sie in Wirklichkeit die Heilung Gottes brauchen.

Emotionale wie auch geistliche Heilung erfordert Ehrlichkeit und Verwundbarkeit auf unserer Seite. Wir müssen zugeben, daß wir die Sache nicht in Ordnung bringen können. Wir müssen unser inneres Wesen für seine Gegenwart öffnen. Darum ist so mancher Weg zur Heilung von Tränen benetzt. Unsere Zerbrochenheit öffnet die Tür und verkündet unser Bedürfnis nach Heilung.

Notwendig ist auch eine Einladung an Gott, zu heilen. Gottes Heiliger Geist – ein Geist des Trostes, der Weisheit und der Gnade – ist derjenige, der die Heilung bewirkt. Jemand sagte einmal: „Der Heilige Geist ist ein Gentleman. Er tritt nirgends ein, wo er nicht eingeladen ist." Auch wenn man skeptisch ist, muß man Gott um Heilung bitten. Bob hatte mit seinem Skeptizismus zu kämpfen, aber er gab sein Bedürfnis trotzdem zu. Auch Janie trachtete nach Heilung. Seien Sie nicht zu stolz, darum zu bitten.

Damit kommen wir zum zweiten Hindernis: Stolz. Bob mußte sich vor seinem Freund demütigen. Achten Sie darauf, daß Ihre Unsicherheit, Ihr Stolz oder Ihr Skeptizismus Sie nicht davon abhält, sich heilen zu lassen. Bei den Anonymen Alkoholikern wird jeder Alkoholiker herausgefordert: „Sind Sie bereit, sich jeder notwendigen Mühe zu unterziehen, um geheilt zu werden?" Sexuell verwundete Menschen müssen jeden Schritt tun, der notwendig ist, damit ihre Unschuld wiederhergestellt wird, sonst werden sie weiterhin ein von Schamgefühlen und Störungen belastetes Leben führen.

Manchmal dient der Stolz sogar als Maske für die Schamgefühle. Viele werden nicht geheilt, weil sie zu verlegen oder beschämt sind, um die nötigen Schritte zu tun, ihr inneres Leben für die Heilung zu öffnen. Haben Sie Mut. Fangen Sie langsam an. Sie müssen nur immer einen Schritt auf einmal gehen – aber Sie müssen den ersten Schritt tun: vor sich selbst, vor einem anderen Menschen und vor Gott zugeben, daß Sie Hilfe und Heilung brauchen.

Die heilende Berührung

Janies Erfahrung ist nicht einzigartig. Viele Frauen in unserer Kultur sind sexuell mißbraucht oder ausgenutzt worden. Und viele Männer haben Probleme mit zwanghaftem sexuellem Verlangen. Paradoxerweise fühlen sich diese beiden Typen oft zueinander hingezogen. Sie gibt Sex, um seine Liebe zu bekommen, und er bietet ihr seine Liebe, um Sex zu bekommen. Solcher Sex mag anfangs gut sein, aber er wird es nicht lange bleiben. Der eine wird immer mehr Sex wollen, während der andere immer weniger will. Keiner der beiden erkennt die Notwendigkeit einer Heilung, und die Hoffnung schwindet mit jedem neuen Versuch, Erfüllung zu finden. Ihr kodependentes sexuelles Verhaltensmuster wird durch seine sexuelle Zwanghaftigkeit genährt; und unter solchen Umständen ist es schwierig, das richtige Klima für eine gesunde Beziehung zu finden – sei es nun innerhalb oder außerhalb der Ehe.

Die Antwort liegt darin, die Ereignisse der Vergangenheit zu überwinden, von denen die Gegenwart beherrscht wird. Das gilt, ob Sie nun ernsthaft mißbraucht oder nur leicht verletzt wurden. Diese aussichtslosen Verhaltensweisen sind symptomatisch für tiefere unerfüllte Bedürfnisse, schmerzhafte Erinnerungen und unverheilte Wunden. Schädliche familiäre Hinterlassenschaften und frühere Liebeserlebnisse tragen zu den gegenwärtigen Schwierigkeiten bei.

Wenn Sie sich mit sich selbst auseinandersetzen und sich dann an Gott wenden, wird er die Erinnerungen und Wunden heilen, die Ihre Intimität behindern. Die Herausforderung besteht darin, den Glauben aufzubringen, daß er helfen und heilen wird. Mein Glaube ist gestärkt worden durch meine eigenen Erfahrungen der Heilung und durch die zahllosen Gelegenheiten, bei denen ich gesehen habe, wie er in den normalen Lauf der Dinge eingriff, um andere zu heilen. Glauben Sie an den Gott, der Sie heilt, denn es stimmt wirklich:

Er heilt, die zerbrochenen Herzens sind, und verbindet ihre Wunden … Unser Herr ist groß und von großer Kraft, und unbegreiflich ist, wie er regiert.
Psalm 147,3.5

Er steht bereit, um uns zu berühren und den Schaden zu beheben, die Wunden zu heilen und Ihre Unschuld wiederherzustellen!

Anhang
Vertraulicher Fragebogen

Dieser vertrauliche Fragebogen ist dazu da, intime Bereiche Ihres sexuellen Verhaltens und Ihrer sexuellen Vergangenheit zu durchleuchten, damit Sie ungesunde Prägungen aufdekken und aufarbeiten können.

Da die Fragen in die Tiefe gehen und sehr persönlich sind, denken Sie über jede davon unter Gebet nach, bevor Sie antworten. Bei manchen ist vielleicht besonders gründliches Nachdenken, viel Zeit oder auch Rückmeldung von anderen notwendig. Je gründlicher und detaillierter Sie antworten, desto größer ist Ihre Chance für Heilung und Veränderung.

Eine Mahnung zur Vorsicht: Beim Beantworten mancher dieser Fragen könnten Ihre Empfindungen von Zorn und Kränkung bis zu Unbehagen und Scham reichen. Hören Sie auf das, was diese Gefühle Ihnen sagen. Sie signalisieren die Bereiche, in denen eine weitere Aufarbeitung oder Heilung notwendig ist.

Wenn die Gefühle zu mächtig werden, *hören Sie auf!* Beten Sie, und machen Sie später weiter. Vielleicht sollten Sie mit einem anderen Menschen über die Empfindungen sprechen und sie aufarbeiten. Aber verschieben Sie es nicht für ewig. Die Heilung wird kommen, wenn Sie die Emotionen und Probleme eines nach dem anderen verarbeiten.

Die folgenden Definitionen und ein Beispiel sollen Ihnen helfen, den Fragebogen auszufüllen.

Urteil: Eine innere Einschätzung einer Person oder Situation, die sachlich falsch ist oder einem falschen inneren Motiv entspringt.

Vorsatz: Ein inneres Versprechen oder eine Verpflichtung

an sich selbst, die einen daran bindet, auf eine bestimmte Weise zu handeln oder zu reagieren.

Beispiel: Ein junges Mädchen läßt sich von einem Freund aus der Nachbarschaft vorzeitig von ihrer ersten großen Verabredung nach Hause bringen, weil ihr Ausgehpartner sie zurückwies, nachdem sie keine sexuellen Spielchen mit ihm spielen wollte.

Ihr Urteil: Männer wollen nur Sex von mir.

Ihr innerer Vorsatz: Ich werde nie wieder einem Mann vertrauen.

Dieses junge Mädchen ist nicht in der Lage zu sehen, daß es nicht stimmt, daß alle Männer nur Sex von ihr wollen; sie ist blind für den Freund, der ihr half, indem er sie nach Hause brachte – ein Nachbarsjunge, mit dem sie gemeinsam aufgewachsen ist. Ihr Vorsatz, nie wieder einem Mann zu vertrauen, wird sie in der Zukunft dazu veranlassen, Entscheidungen zu treffen, die von vornherein zum Scheitern verurteilt sind. Der Vorsatz und das Urteil beruhen auf ihrer unverarbeiteten Verlegenheit und auf der Wunde der Ablehnung, die sie erlitten hat.

Sexuelle Verletzungen

Die folgenden Fragen sollen Ihnen helfen zu durchleuchten, wie andere Sie verwundet oder gekränkt haben. Spielen Sie das Geschehene nicht herunter, indem Sie sich sagen, das Ganze sei keine große Geschichte gewesen. Nehmen Sie es statt dessen genau unter die Lupe, und stellen Sie fest, was Ihnen das Ereignis über Ihre heutigen sexuellen Reaktionsweisen sagt.

1. Sind Sie jemals verführt oder sexuell ausgenutzt worden? Wenn ja, wie und von wem?
2. Sind Sie jemals sexuell belästigt worden? Wenn ja, wie und von wem?
3. Sind Sie jemals Opfer einer Vergewaltigung, sexuellen

Nötigung oder von Inzest geworden? Schildern Sie, was geschehen ist.

4. Sind Sie jemals durch einen Partner verwundet worden durch
   ▷ Masturbation?
   ▷ Ehebruch?
   ▷ frühere sexuelle Sünde?
   ▷ Mangel an sexueller Ansprechbarkeit?
   ▷ sexuelle Ablehnung?
   ▷ Pornographie?
   ▷ Sonstiges?

5. Sind Sie jemals durch ein Elternteil oder einen Verwandten sensualisiert (durch Anblick, Worte oder Taten sexuell angereizt, bevor Sie fähig waren, damit umzugehen) worden? Durch wen?

6. Waren Sie jemals den neugierigen Augen eines Spanners ausgesetzt? Wann und wo?

7. Sind Sie jemals durch sexuelle Hilfsmittel mißbraucht worden? Wenn ja, von wem? Was ist passiert? Wann und wo passierte es?

8. Sind Sie jemals von jemandem versehentlich oder absichtlich sexuell in Verlegenheit gebracht worden? Wann? Wo? Von wem?

9. Sind Sie jemals sexuell unter Druck gesetzt worden, bis Sie schließlich glaubten, nachgeben zu müssen? Von wem? Wie oft?

10. Listen Sie die Namen aller Personen auf, die gegen Sie gesündigt haben.

11. Wie haben Sie auf diese Verletzungen reagiert? Äußerlich? Innerlich?

12. Haben Sie jedem *einzelnen* von ihnen vergeben? Wenn nein, warum nicht?

13. Sind Sie unter Gebet von der sexuellen Gebundenheit befreit worden, die Sie an jede dieser Personen fesselte?

14. Welche negativen inneren Vorsätze oder Urteile haben Sie infolge des Verhaltens dieser Personen gegen Sie gefaßt über

▷ Männer?   ▷ Ehe?
▷ Frauen?   ▷ Gott?
▷ Sex?   ▷ Sonstiges?

15. Haben Sie Ihre falschen inneren Vorsätze und Urteile vollständig widerrufen?
16. Haben Sie auf irgendeine Weise zu dem beigetragen, was diese Personen Ihnen angetan haben? Wenn ja, wie?
17. Haben Sie die volle Verantwortung für Ihre falschen Reaktionen übernommen, falls es solche gab?
19. Sind Sie vollständig von den Auswirkungen dessen, was Ihnen angetan wurde, und Ihrer eigenen falschen Reaktionen geheilt worden? Wenn nein, warum nicht?

Persönliche Praktiken

Diese Gruppe von Fragen soll Ihnen helfen, Ihre eigenen persönlichen Praktiken zu durchleuchten. Ein wichtiger Schritt zur Heilung und Wiederherstellung ist eine freimütige Inventur Ihres Sexualverhaltens. Das wird Ihnen helfen, sich Ihren Schuldgefühlen zu stellen und von Ihrer Scham frei zu werden.

1. Hatten Sie vorehelichen Sex? Wenn ja, wie oft und mit wem?
2. Haben Sie vor der Ehe an Petting oder sexuellen Berührungen teilgenommen? Wenn ja, wie oft und mit wem?
3. Haben Sie jemals jemanden sexuell verführt, um Ihre eigenen emotionalen Bedürfnisse zu befriedigen? Wenn ja, wie oft und wen?
4. Haben Sie jemals jemanden aus offenbar rein sexuellem Bedürfnis heraus verführt? Wenn ja, wie oft und wie?
5. Haben Sie die Verantwortung für Ihre Verführung auf sich genommen und um Vergebung dafür gebeten? Wenn nein, warum nicht?
6. Haben Sie jemals zu stark auf Sex gedrungen, Inzest begangen, jemanden vergewaltigt, sexuelle Handlungen an

einem Kind begangen oder jemanden sexuell belästigt? Wie oft und bei wem?

7. Haben Sie diese Handlungen bekannt? Um Vergebung gebeten? Lebensberatung in Anspruch genommen? Wenn nein, warum nicht?

8. Haben Sie sich je mit Pornographie befaßt? Wenn ja, wie oft und welche Art?

9. Haben Sie immer noch mit Pornographie und mit ungesunden Gedanken zu kämpfen?

10. Haben Sie je masturbiert? Wenn ja, wie oft und über welchen Zeitraum?

11. Haben Sie immer noch mit Masturbation zu kämpfen?

12. Weiß Ihr Partner von Ihrem Hintergrund (und Ihrem gegenwärtigen Verhalten) in bezug auf Pornographie und Masturbation? Wenn nein, warum nicht?

13. Haben Sie je an homosexuellen Handlungen teilgenommen (sei es versuchsweise oder anders)? Wenn ja, wie oft und mit wem?

14. Haben Sie je voyeuristische Handlungen begangen, d.h. gespannt? Wenn ja, wie oft und bei wem?

15. Fühlen Sie sich von diesen Erlebnissen vollständig gereinigt, oder kämpfen Sie noch mit der Versuchung?

16. Haben Sie jemals Ehebruch begangen? Wenn ja, wie oft und mit wem?

17. Haben Sie Ihrem Partner Ihren Ehebruch bekannt und um Vergebung gebeten? Wenn nein, warum nicht?

18. Hatten Sie je ein sexuelles Erlebnis mit einer Prostituierten? Wenn ja, wie oft?

19. Listen Sie die Namen aller Personen auf, mit denen Sie sich außerhalb der Ehe durch Ehebruch, Unzucht, vorehelichen Sex, Prostitution usw. sexuell eingelassen haben.

20. Denken Sie immer noch an diese Personen? Fühlen Sie sich emotional oder geistlich an sie gebunden? Wenn ja, warum?

21. Leiden Sie unter Scham- oder Schuldgefühlen über irgendeines dieser sexuellen Erlebnisse der Vergangenheit?

22. Hat irgendeines dieser Erlebnisse Sie verwundet? Wie?
23. Sind Sie von den Auswirkungen Ihres Erlebnisses vollkommen geheilt worden? Wenn nein, warum nicht?
24. Welche negativen Urteile oder inneren Vorsätze haben Sie aufgrund ihrer vergangenen Erfahrungen in bezug auf Sex, Ehe oder Angehörige des anderen Geschlechts gefaßt?
25. Haben Sie diese falschen inneren Vorsätze und Urteile vollständig widerrufen?
26. Haben Sie durch irgendeine Ihrer früheren Verhaltensweisen gegen Ihr Gewissen oder die Gebote Gottes verstoßen? Haben Sie um Vergebung gebeten? Wenn nein, warum nicht?
27. Haben Sie das Gefühl, daß Ihnen vergeben ist? Wenn nein, warum nicht?

Sexuelle Reaktionsweisen

Die folgenden Fragen beziehen sich auf Ihre sexuellen Reaktionsmuster. Sie umfassen die vier verschiedenen Phasen der sexuellen Reaktion, beginnend mit der Initiierung des Geschlechtsaktes und endend mit der Lösung danach.

Wenn Sie zur Zeit sexuell aktiv sind, beantworten Sie die Fragen im Blick auf Ihre gegenwärtige Praxis. Wenn Sie zur Zeit nicht aktiv sind, es aber früher waren, dann antworten Sie im Blick auf Ihre frühere Erfahrung. Die Fragen sollen Ihnen helfen, Ihre sexuellen Reaktionsweisen einzuschätzen und sowohl Stärken als auch Bereiche, die der Veränderung bedürfen, ausfindig zu machen.

Initiierung des Geschlechtsverkehrs

1. Wie oft hatten Sie während des vergangenen Monats Geschlechtsverkehr? _____ mal.
Wie oft hätten Sie gerne Geschlechtsverkehr? _____ mal monatlich.

2. Besteht ein Konflikt darüber, wie oft Sie gerne Geschlechtsverkehr hätten?
3. Wie oft haben Sie während des vergangenen Monats den Geschlechtsverkehr initiiert? _____ mal.
   Wie oft hat Ihr Partner den Geschlechtsverkehr initiiert? _____ mal.
4. Besteht ein Konflikt darüber, wer den Geschlechtsverkehr initiieren soll?
5. Ist die Art, wie Sie normalerweise den Geschlechtsverkehr initiieren, für Ihren Partner annehmbar und angenehm? _____ ja _____ nein
6. Ist die Art, wie Ihr Partner den Geschlechtsverkehr initiiert, für Sie annehmbar und angenehm? _____ ja _____ nein
7. Widersetzen Sie sich normalerweise der Initiierung des Geschlechtsverkehrs, oder freuen Sie sich darauf?
8. Welchen Anstoß nehmen Sie daran, wie Ihr Partner den Geschlechtsverkehr initiiert?
9. Was hält Sie davon ab, ihm vollständig zu vergeben?
10. Welche Ängste haben Sie in bezug auf die Initiierung des Geschlechtsverkehrs?
11. Steht irgendeine Ihrer Ängste oder eines Ihrer Ärgernisse im Zusammenhang mit Ihrer fernen Vergangenheit oder mit anderen Liebeserlebnissen?
12. Welche Urteile oder Vorsätze haben Sie in bezug auf die Initiierung des Geschlechtsverkehrs gefaßt?
13. Was hält Sie davon ab, Ihre falschen Urteile und Vorsätze vollständig loszulassen?

Sexuelle Erregung und Vorspiel

1. Sind Sie leicht zu erregen, oder haben Sie Schwierigkeiten damit?
2. Was tun Sie oder was tut Ihr Partner, um Ihnen die Erregung zu erleichtern?
3. Was stört Ihre Erregung?
4. Was möchte Ihr Partner, daß Sie tun, damit Ihre oder

seine Erregung gesteigert wird? Tun Sie es? Wenn nein,
warum nicht?

5. Tun Sie irgend etwas, das Ihrem Partner die Erregung
und das Vorspiel unangenehm macht? Was?

6. Ist das Vorspiel für Ihren Partner erregend und angenehm oder peinlich und unangenehm?

7. Ist das Vorspiel für Sie erregend und angenehm oder
peinlich und unangenehm?

8. Haben sie irgendwelche Ängste in bezug auf das Vorspiel?

9. Gibt es bei Ihrem Vorspiel Aspekte, die Anlaß zu Konflikten geben?

10. Was für einen Groll hegen Sie gegen Ihren Partner im
Bereich des Vorspiels?

11. Was hält Sie davon ab, ihm vollständig zu vergeben?

12. Wie lange dauert Ihr Vorspiel?
    _____ kurz (5 – 10 Minuten)
    _____ mittel (25 – 30 Minuten)
    _____ lang (60 Minuten)

13. Wovon ist die Länge Ihres Vorspiels abhängig?

14. *Für Männer.*

    a. Hatten Sie je Schwierigkeiten, eine Erektion zu be-
    kommen oder aufrechtzuerhalten?

    b. Wie oft ist das vorgekommen?

    c. Haben Sie deswegen einen Arzt konsultiert?

    d. Haben Sie eine etwaige sexuelle Leistungsangst er-
    folgreich überwunden? Wenn nein, warum nicht?

    e. Wie sind Sie mit Ihrer Angst vor Versagen umgegan-
    gen?

    f. Hegen Sie irgendwelchen tiefen Groll gegen Ihre Frau?

    g. Ist sie Ihnen gegenüber dominierend, kritisch oder
    kontrollierend?

    h. Welche Urteile und Vorsätze haben Sie gegen sie ge-
    faßt?

    i. Was hält Sie davon ab, diese Urteile und Vorsätze los-
    zulassen?

j. Leiden Sie unter irgendwelchen Schuld- oder Schamgefühlen aus Ihrer Vergangenheit?

15. *Für Frauen*

a. Haben Sie Schwierigkeiten, Ihren Körper anzunehmen?

b. Sehen Sie die Vagina als gesund, rein und schön?

c. Welche Urteile und Vorsätze haben Sie bezüglich Ihrer Geschlechtsmerkmale?

d. Schätzen Sie den Penis Ihres Mannes als eine Schöpfung Gottes?

e. Können Sie in Gegenwart Ihres Mannes nackt sein, ohne sich zu schämen?

16. Finden Sie oralen Sex schön oder unangenehm,

a. wenn er an Ihnen vollzogen wird?

b. wenn Sie ihn vollziehen?

17. Findet Ihr Partner oralen Sex schön oder unangenehm,

a. wenn er an ihm oder ihr vollzogen wird?

b. wenn er oder sie ihn vollzieht?

18. Was ist Ihre Überzeugung (nicht Vorliebe) in bezug auf oralen Sex in Ihrer Ehe?

19. Gibt es einen Konflikt oder unterschiedliche Überzeugungen zwischen Ihnen und Ihrem Partner in bezug auf oralen Sex? Wie haben Sie diesen Konflikt gelöst?

20. Welche Urteile oder Vorsätze haben Sie gefaßt über

▷ das Erregen Ihres Partners?

▷ das Erregtwerden durch Ihren Partner?

21. Was hält Sie davon ab, diese Vorsätze und Urteile loszulassen?

22. Welche Position ziehen Sie beim Geschlechtsverkehr vor?

23. Welche Position zieht Ihr Partner vor?

24. Besteht ein Konflikt in bezug auf die Positionen?

25. Haben Sie wechselnde Positionen? Wenn nein, warum nicht?

1. Erreichen Sie den Orgasmus
   ▷ regelmäßig oder immer?
   ▷ ab und zu?
   ▷ selten oder nie?
2. Sind Sie mit der Häufigkeit Ihres Orgasmus zufrieden?
   Wenn nein, warum nicht?
3. Erreicht Ihr Partner den Orgasmus
   ▷ regelmäßig oder immer?
   ▷ ab und zu?
   ▷ selten oder nie?
4. Sind Sie mit der Häufigkeit des Orgasmus Ihres Partners
   zufrieden? Wenn nein, warum nicht?
5. Erreichen Sie den Orgasmus zusammen? Getrennt voneinander?
6. Haben Sie versucht, die Häufigkeit Ihres Orgasmus zu
   steigern?
7. Kreuzen Sie an, welche der folgenden Methoden Sie ausprobiert haben, um die Häufigkeit Ihres Orgasmus zu
   steigern:
   ▷ Kegel-Übung   ▷ oraler Sex
   ▷ ausgedehntes Vorspiel ▷ Masturbation
   ▷ „erotisches" Liebesspiel ▷ Vibratoren oder andere
   ▷ Pornographie   Hilfsmittel
   ▷ Reizung der Klitoris
8. Führten Ihre Versuche
   ▷ zum Erfolg?
   ▷ zum Scheitern?
   ▷ zur Angst?
   ▷ zur Hoffnungslosigkeit?
9. Haben Sie sich von Gott klar in der Wahl der Methode
   führen lassen, bevor Sie es versuchten? Wenn nein, warum
   nicht?
10. Verletzten die Methoden, die Sie angewendet haben, Ihr
    Gewissen oder die biblische Moral?
11. Haben Sie das bekannt oder Buße getan?

12. Haben Sie einen Arzt oder Lebensberater konsultiert?
13. Wie stark ist Ihr Orgasmus normalerweise?
    ▷ leicht
    ▷ mittel
    ▷ intensiv
14. Wie stark ist der Orgasmus Ihres Partners normalerweise?
    ▷ leicht
    ▷ mittel
    ▷ intensiv
15. Wie beurteilen Sie es,
    ▷ den Gefühlen freien Lauf zu lassen?
    ▷ die Kontrolle zu verlieren?
    ▷ in wilde Ekstase zu geraten?
    ▷ sich unterzuordnen?
16. Was hält Sie davon ab, diese Vorsätze und Urteile loszulassen?
17. Haben Sie Ihren Orgasmus zu einem ständigen Thema des Gebetes und der Ermutigung gemacht? Wenn nein, warum nicht?

Entspannung und Lösung nach dem Geschlechtsverkehr

1. Stehen Sie hinterher schnell auf und gehen zur Tagesordnung über, oder drehen Sie sich um und schlafen ein? Wie ist es mit Ihrem Partner?
2. Kreuzen Sie an, wie Sie sich nach dem Geschlechtsverkehr fühlen:
    ▷ liebevoll   ▷ ängstlich
    ▷ warm   ▷ verlegen
    ▷ glühend   ▷ beschämt
    ▷ zärtlich   ▷ schuldig
    ▷ müde   ▷ Sonstiges
    ▷ irritiert
3. Wenn negative Gefühle dabei im Spiel sind, rühren sie vielleicht von Ihrer Vergangenheit oder von anderen Liebhabern her?

4. Welche Vorsätze und Urteile aus der Vergangenheit tragen Sie immer noch mit sich?
5. Was hält Sie davon ab, sie loszulassen?
6. Haben Sie Probleme, sich mit den Flüssigkeiten oder der Feuchtigkeit des Geschlechtsverkehrs abzufinden?
7. Verspüren Sie unmittelbar hinterher das Bedürfnis, sich zu reinigen?
8. Wo liegt die Wurzel dieses Unbehagens?
9. Haben Sie Angst davor, sich mit Ihrem Partner zu entspannen, nackt zu sein, ohne sich zu schämen?
10. Wo liegt die Wurzel dieser Angst?
11. Haben Sie sich damit als Angst auseinandergesetzt?

H. Norman Wright
Wenn zwei sich gut verstehen ...
Kommunikation – Schlüssel zur glück-
lichen Ehe

Viele notvolle Situationen bleiben Ehe-
partnern erspart, die sich mit Erfolg bemühen, einander zu verstehen. Aber wie
macht man das?
Wie entwickeln und bewahren zwei vielleicht ganz unterschiedliche Menschen
Verständnis füreinander?
Und vor allem: was tun, wenn die „Eis-
zeit" bereits angebrochen ist – wenn
Zorn, Angst und Sorge die „Kanäle" ver-
stopfen?
Norman Wright zeigt Ihnen, wie man typi-
sche Fallen im täglichen Miteinander umgeht und Konflikte zum gegenseitigen
Nutzen löst. Er hilft Ihnen, nicht nur über
besseres Verständnis nachzudenken, sondern entsprechend zu handeln – nicht nur
einen Schlüssel zur glücklichen Ehe zu finden, sondern auch die Tür aufzuschließen!

Paperback, 200 Seiten
Bestell-Nr. 15 092

Ed Wheat
Liebe ist Leben

Welches Ehepaar kennt die Situation nicht:
Über irgendeinen Punkt hat es Streit gegeben, man ist sich uneinig, möchte den
Weg zurück zu der ersehnten Harmonie
finden, doch keiner der beiden tut den ersten Schritt.
Aber Liebe ist erlernbar! Egal, ob Sie un-
tereinander zerstritten sind, sich gleich-
gültig gegenüberstehen oder miteinander glücklich sind: Ihre Beziehung kann
auf jeden Fall verbessert werden!
Der Autor, ein erfahrener Arzt, Seelsorger
und Eheberater, führt gründlich in den Lern-
prozeß der Liebe ein. Ohne Einschränkung informiert er den Leser über die verschiedenen Arten der Liebe (z.B. kame-
radschaftliche, fürsorgliche, romantische
Liebe) und geht besonders auf deren
Grundlage − die Liebe Gottes zu uns
Menschen − ein.

Taschenbuch, 256 Seiten
Bestell-Nr. 15 670

Jean Lush/Patricia Rushford
Was ist nur wieder los mit mir?
Die Gefühle im Leben der Frau

Die Autorinnen geben in diesem Buch fas-
zinierende Einblicke in die lebenslange
Beziehung zwischen den Gefühlen einer
Frau und den hormonellen Prozessen in
ihrem Körper. Auf diesem Gebiet herrscht
großer Mangel an Informationen und
ausgewogenem Rat.

Oder wissen Sie,
▷ wie Sie mit dem Stimmungstief vor der
  Menstruation umgehen sollen?
▷ wie Sie verhindern können, daß das Auf
  und Ab der Gefühle im Monatszyklus zu
  einer Berg-und-Tal-Fahrt für das eheliche Glück wird?
▷ was Hormone mit der „Krise in der Mitte
  des Lebens" zu tun haben?
▷ wie man sich auf die depressive Phase
  nach einer Entbindung einstellt?
▷ wie man sich auf die Wechseljahre vorbereitet?

Neueste Fakten aus der Medizin, praktische Beispiele und offenherzige Ratschläge verhelfen zu einer positiven Einstellung gegenüber den natürlichen Ver-
änderungen im Leben einer Frau.
Jede Frau sollte dieses Buch lesen. Es ist
aber auch eine vorzügliche Informations-
quelle für Ehemänner und Seelsorger, die
(ihre) Frauen besser verstehen wollen.

Gebundene Ausgabe, 192 Seiten
Bestell-Nr. 15 085

ChrisThurman
Lügen, die wir glauben
Der Grund Nr. 1 für unser Unglücklichsein

Kaum zu glauben, welchen Lügen wir in
den unterschiedlichsten Lebensbereichen
auf den Leim gehen: „Du bist schuld, daß
ich nicht glücklich bin!", „Ich muß perfekt
sein!", „Du mußt alle meine Bedürfnisse
erfüllen!", „Gott wird mich vor allem
Übel bewahren!"...
Die Heimtücke der Lebens-Lügen besteht
eben darin, daß sie uns so lange schaden,
wie sie uns als die reine Wahrheit erscheinen. Damit vernebeln sie uns die wirklich
freie Lebensgestaltung. Aber mit fachkun-
diger Hilfe kann dieser Schleier vor dem
wahren Lebensglück zerrissen werden!

Paperback, 218 Seiten
Bestell-Nr. 15 149